GEOR

VON MORGENS
BIS MITTERNACHTS

STÜCK IN ZWEI TEILEN

FASSUNG LETZTER HAND
HERAUSGEGEBEN UND MIT
EINEM NACHWORT VERSEHEN
VON WALTHER HUDER

PHILIPP RECLAM JUN. STUTTGART

Universal-Bibliothek Nr. 8937
Alle Rechte vorbehalten. Mit Genehmigung des Verlages Kiepen-
heuer & Witsch Köln-Berlin und des Georg-Kaiser-Archivs Berlin.
Aufführungsrechte bei Felix Bloch Erben Verlag für Bühne, Film und
Funk, 1000 Berlin 12. Gesetzt in Petit Garamond-Antiqua. Printed
in Germany 1976. Herstellung: Reclam Stuttgart
ISBN 3-15-008937-9

PERSONEN

Kassierer
Mutter
Frau
Erste, zweite Tochter
Direktor
Gehilfe
Portier
Erster, zweiter Herr
Laufjunge
Dienstmädchen
Dame
Sohn
Hotelkellner
Jüdische Herren als Kampfrichter
Erste, zweite, dritte, vierte weibliche Maske
Herren im Frack
Kellner
Mädchen der Heilsarmee
Offiziere und Soldaten der Heilsarmee
Publikum einer Versammlung der Heilsarmee: Kommis, Kokotte, Arbeiter usw.
Schutzmann
Die kleine Stadt W. und die große Stadt B.

ERSTER TEIL

*Kleinbankkassenraum. Links Schalteranlage und Tür mit
Aufschrift: Direktor. In der Mitte Tür mit Schild: Zur
Stahlkammer. Ausgangstür rechts hinter Barriere. Da-
neben Rohrsofa und Tisch mit Wasserflasche und Glas.
Im Schalter Kassierer und am Pult Gehilfe, schreibend.
Im Rohrsofa sitzt der fette Herr, prustet. Jemand geht
rechts hinaus. Am Schalter Laufjunge sieht ihm nach.*

K a s s i e r e r *(klopft auf die Schalterplatte).*
L a u f j u n g e *(legt rasch seinen Zettel auf die wartende
Hand).*
K a s s i e r e r *(schreibt, holt Geld unter dem Schalter
hervor, zählt sich in die Hand – dann auf das Zahl-
brett).*
L a u f j u n g e *(rückt mit dem Zahlbrett auf die Seite
und schüttet das Geld in einen Leinenbeutel).*
H e r r *(steht auf).* Dann sind wir Dicken an der Reihe.
*(Er holt einen prallen Lederbeutel aus dem Mantel-
innern.)*

(Dame, kommt. Kostbarer Pelz, Geknister von Seide.)
H e r r *(stutzt).*
D a m e *(klinkt mit einigem Bemühen die Barriere auf,
lächelt unwillkürlich den Herrn an).* Endlich.
H e r r *(verzieht den Mund).*
K a s s i e r e r *(klopft ungeduldig).*
D a m e *(fragende Geste gegen den Herrn).*
H e r r *(zurückstehend).* Wir Dicken immer zuletzt.
D a m e *(verneigt sich leicht, tritt an den Schalter).*
K a s s i e r e r *(klopft).*
D a m e *(öffnet ihre Handtasche, entnimmt ein Kuvert
und legt es auf die Hand des Kassierers).* Ich bitte
dreitausend.

K a s s i e r e r *(dreht und wendet das Kuvert, schiebt es zurück).*

D a m e *(begreift).* Pardon. *(Sie zieht den Brief aus dem Umschlag und reicht ihn hin.)*

K a s s i e r e r *(wie vorher).*

D a m e *(entfaltet noch das Papier).* Dreitausend bitte.

K a s s i e r e r *(überfliegt das Papier und legt es dem Gehilfen hin).*

G e h i l f e *(steht auf und geht aus der Tür mit dem Schild: Direktor).*

H e r r *(sich wieder im Rohrsofa niederlassend).* Bei mir dauert es länger. Bei uns Dicken dauert es immer etwas länger.

K a s s i e r e r *(beschäftigt sich mit Geldzählen).*

D a m e. Ich bitte: in Scheinen.

K a s s i e r e r *(verharrt gebückt).*

D i r e k t o r *(jung, kugelrund – mit dem Papier links heraus).* Wer ist – *(Er verstummt der Dame gegenüber.)*

G e h i l f e *(schreibt wieder an seinem Pult).*

H e r r *(laut).* Morgen, Direktor.

D i r e k t o r *(flüchtig dahin).* Geht's gut?

H e r r *(sich auf den Bauch klopfend).* Es kugelt sich, Direktor.

D i r e k t o r *(lacht kurz. Zur Dame.)* Sie wollen bei uns abheben?

D a m e. Dreitausend.

D i r e k t o r. Ja drei – dreitausend würde ich mit Vergnügen auszahlen –

D a m e. Ist der Brief nicht in Ordnung?

D i r e k t o r *(süßlich, wichtig).* Der Brief geht in Ordnung. Über zwölftausend – *(Buchstabierend.)* Banko –

D a m e. Meine Bank in Florenz versicherte mich –

D i r e k t o r. Die Bank in Florenz hat Ihnen den Brief richtig ausgestellt.

D a m e. Dann begreife ich nicht –

D i r e k t o r. Sie haben in Florenz die Ausfertigung dieses Briefes beantragt –

D a m e. Allerdings.

D i r e k t o r. Zwölftausend – und zahlbar an den Plätzen –

D a m e. Die ich auf der Reise berühre.

D i r e k t o r. Der Bank in Florenz haben Sie mehrere Unterschriften geben müssen –

D a m e. Die an die im Brief bezeichneten Banken geschickt sind, um mich auszuweisen.

D i r e k t o r. Wir haben den Avis mit Ihrer Unterschrift nicht bekommen.

H e r r *(hustet; blinzelt den Direktor an).*

D a m e. Dann müßte ich mich gedulden, bis –

D i r e k t o r. Irgendwas müssen wir doch in Händen haben!

E i n   H e r r *(winterlich mit Fellmütze und Wollschal vermummt – kommt, stellt sich am Schalter auf. Er schießt wütende Blicke nach der Dame.)*

D a m e. Darauf bin ich so wenig vorbereitet –

D i r e k t o r *(plump lachend).* Wir sind noch weniger vorbereitet, nämlich gar nicht!

D a m e. Ich brauche so notwendig das Geld!

H e r r *(im Sofa lacht laut).*

D i r e k t o r. Ja, wer brauchte keins?

H e r r *(im Sofa wiehert).*

D i r e k t o r *(sich ein Publikum machend).* Ich zum Beispiel – *(Zum Herrn am Schalter.)* Sie haben wohl mehr Zeit als ich. Sie sehen doch, ich spreche mit der Dame noch. – Ja, gnädige Frau, wie haben Sie sich das gedacht? Soll ich Ihnen auszahlen – auf Ihre –

H e r r *(im Sofa kichert).*

D a m e *(rasch).* Ich wohne im Elefant.

H e r r *(im Sofa prustet).*

D i r e k t o r. Ihre Adresse erfahre ich mit Vergnügen, gnädige Frau. Im Elefant verkehre ich am Stammtisch.

D a m e. Kann der Besitzer mich nicht legitimieren?

D i r e k t o r. Kennt Sie der Wirt schon näher?

H e r r *(im Sofa amüsiert sich köstlich).*

D a m e. Ich habe mein Gepäck im Hotel.

D i r e k t o r. Soll ich Koffer und Köfferchen auf seinen Inhalt untersuchen?

D a m e. Ich bin in der fatalsten Situation.

D i r e k t o r. Dann reichen wir uns die Hände: Sie sind
nicht in der Lage – ich bin nicht in der Lage. Das ist
die Lage. (*Er gibt ihr das Papier zurück.*)

D a m e. Was raten Sie mir nun zu tun?

D i r e k t o r. Unser Städtchen ist doch ein nettes Nest –
der Elefant ein renommiertes Haus – die Gegend hat
Umgegend – Sie machen diese oder jene angenehmen
Bekanntschaften – und die Zeit geht hin – mal Tag,
mal Nacht – wie sich's macht.

D a m e. Es kommt mir hier auf einige Tage nicht an.

D i r e k t o r. Die Gesellschaft im Elefant wird sich
freuen, etwas beizutragen.

D a m e. Nur heute liegt es mir dringend an dreitausend!

D i r e k t o r (*zum Herrn im Sofa*). Bürgt jemand hier
für eine Dame aus der Fremde auf dreitausend?

D a m e. Das könnte ich wohl nicht annehmen. Darf ich
bitten, mir sofort, wenn die Bestätigung von Florenz
eintrifft, telephonisch Mitteilung zu machen. Ich bleibe
im Elefant auf meinem Zimmer.

D i r e k t o r. Persönlich – wie gnädige Frau es wün-
schen!

D a m e. Wie ich am raschesten benachrichtigt werde. (*Sie
schiebt das Papier in das Kuvert und steckt es in die
Tasche.*) Ich spreche am Nachmittag noch selbst vor.

D i r e k t o r. Ich stehe zur Verfügung.

D a m e (*grüßt kurz, ab*).

H e r r (*am Schalter rückt vor und knallt in der Faust
einen zerknüllten Zettel auf die Platte*).

D i r e k t o r (*ohne davon Notiz zu nehmen, sieht belustigt nach dem Herrn im Sofa*).

H e r r (*im Sofa zieht die Luft ein*).

D i r e k t o r (*lacht*). Sämtliche Wohlgerüche Italiens –
aus der Parfümflasche.

H e r r (*im Sofa fächelt sich mit der flachen Hand*).

D i r e k t o r. Das macht heiß, was?

H e r r (*im Sofa, gießt sich Wasser in ein Glas*). Dreitausend ist ein bißchen hastig. (*Er trinkt.*) Dreihundert
klappern auch nicht schlecht.

Direktor. Vielleicht machen Sie billigere Offerte – im Elefant, auf dem Zimmer?

Herr *(im Sofa)*. Für uns Dicke ist das nichts.

Direktor. Wir sind mit unserm moralischen Bauch gesetzlich geschützt.

Herr *(am Schalter knallt zum zweitenmal die Faust auf die Platte)*.

Direktor *(gleichmütig)*. Was haben Sie denn? *(Er glättet den Zettel und reicht ihn dem Kassierer hin.)*

Laufjunge *(hatte die Dame angegafft, dann die Sprechenden – verfehlt die Barriere und rennt gegen den Herrn im Sofa)*.

Herr *(im Sofa nimmt ihm den Beutel weg)*. Ja, mein Junge, das kostet was – schöne Mädchen angaffen. Jetzt bist du deinen Beutel los.

Laufjunge *(lacht ihn verlegen an)*.

Herr. Was machst du denn nun, wenn du nach Hause kommst?

Laufjunge *(lacht)*.

Herr *(gibt ihm den Beutel wieder)*. Merk' dir das für dein Leben. Du bist der erste nicht, dem die Augen durchgehen – und der ganze Mensch rollt nach.

Laufjunge *(ab)*.

Kassierer *(hat einige Münzen aufgezählt)*.

Direktor. Solch einem Schlingel vertraut man nun Geld an.

Herr *(im Sofa)*. Dummheit straft sich selbst.

Direktor. Daß ein Chef nicht den Blick dafür hat. So was brennt doch bei der ersten Gelegenheit, die sich bietet, aus. Der geborene Defraudant. *(Zum Herrn am Schalter.)* Stimmt es nicht?

Herr *(prüft jedes Geldstück)*.

Direktor. Das ist ein Fünfundzwanzigpfennigstück. Das sind zusammen fünfundvierzig Pfennig, mehr hatten Sie doch nicht zu verlangen?

Herr *(steckt umständlich ein)*.

Herr *(im Sofa)*. Deponieren Sie doch Ihr Kapital in

der Stahlkammer! – Nun wollen wir Dicken mal abladen.

Herr *(am Schalter rechts ab).*

Direktor. Was bringen Sie uns denn?

Herr *(legt den Lederbeutel auf die Platte und holt eine Brieftasche heraus).* Soll man kein Vertrauen zu Ihnen kriegen mit Ihrer feinen Kundschaft? *(Er reicht ihm die Hand.)*

Direktor. Jedenfalls sind wir für schöne Augen in Geschäftssachen unempfänglich.

Herr *(sein Geld aufzählend).* Wie alt war sie? Taxe.

Direktor. Ohne Schminke habe ich sie noch nicht gesehen.

Herr. Was will die denn hier?

Direktor. Das werden wir ja heute abend im Elefant hören.

Herr. Wer käme denn da in Betracht?

Direktor. In Betracht könnten wir schließlich alle noch kommen!

Herr. Wozu braucht sie denn hier dreitausend Mark?

Direktor. Sie muß sie wohl brauchen.

Herr. Ich wünsche ihr den besten Erfolg.

Direktor. Womit?

Herr. Daß sie ihre Dreitausend kapert.

Direktor. Von mir?

Herr. Von wem ist ja nebensächlich.

Direktor. Ich bin neugierig, wann die Nachricht von der Bank in Florenz kommt.

Herr. Ob sie kommt!

Direktor. Ob sie kommt – darauf bin ich allerdings noch gespannter!

Herr. Wir können ja sammeln und ihr aus der Verlegenheit helfen.

Direktor. Auf Ähnliches wird es wohl abgesehen sein.

Herr. Wem erzählen Sie das?

Direktor *(lacht).* Haben Sie in der Lotterie gewonnen?

Herr *(zum Kassierer).* Nehmen Sie mir mal ab. *(Zum*

Direktor.) Ob wir draußen unser Geld haben oder bei Ihnen verzinsen – richten Sie mal ein Konto für den Bauverein ein.

D i r e k t o r *(scharf zum Gehilfen).* Konto für Bauverein.

H e r r. Es kommt noch mehr.

D i r e k t o r. Immer herein, meine Herrschaften. Wir können gerade brauchen.

H e r r. Also: sechzigtausend – fünfzig Mille Papier – zehn Mille Gold.

K a s s i e r e r *(zählt).*

D i r e k t o r *(nach einer Pause).* Sonst geht's noch gut?

H e r r *(zum Kassierer).* Jawohl, der Schein ist geflickt.

D i r e k t o r. Wir nehmen ihn selbstverständlich. Wir werden ihn wieder los. Ich reserviere ihn für unsere Kundin aus Florenz. Sie trug ja auch Schönheitspfläschterchen.

H e r r. Es stecken aber tausend Mark dahinter.

D i r e k t o r. Liebhaberwert.

H e r r *(unbändig lachend).* Liebhaberwert – das ist kolossal.

D i r e k t o r *(unter Tränen).* Liebhaberwert – *(Er gibt ihm die Quittung des Kassierers.)* Ihre Quittung. *(Erstickend.)* Sechzig – tau – –

H e r r *(nimmt sie, liest sie, ebenso).* Sechzig – tau – –

D i r e k t o r. Liebhaber –

H e r r. Lieb – – *(Sie reichen sich die Hände.)*

D i r e k t o r. Wir sehen uns heute abend.

H e r r. Liebhaber – *(Er knöpft seinen Mantel, kopfschüttelnd ab.)*

D i r e k t o r *(steht noch, wischt sich die Tränen hinter dem Kneifer. Dann links hinein.)*

K a s s i e r e r *(bündelt die zuletzt erhaltenen Scheine und rollt die Münzen).*

D i r e k t o r *(kommt zurück).* Diese Dame aus Florenz – die aus Florenz kommen will – ist Ihnen schon einmal eine Erscheinung wie diese vorm Schalter aufge-

taucht? Pelz – parfümiert. Das riecht nachträglich,
man zieht mit der Luft Abenteuer ein! – – Das ist die
große Aufmachung. Italien, das wirkt verblüffend –
märchenhaft. Riviera – Mentone – Bordighera –
Nizza – Monte Carlo! Ja, wo Orangen blühen,
da blüht auch der Schwindel. Von Schwindel ist da
unten kein Quadratmeter Erdboden frei. Dort wird
der Raubzug arrangiert. Die Gesellschaft verstreut
sich in alle Winde. Nach den kleineren Plätzen – ab-
seits der großen Heerstraße – schlägt man sich am
liebsten. Dann schäumend in Pelz und Seide. Weiber!
Das sind die modernen Sirenen. Singsang vom blauen
Süden – o bella Napoli. Verfänglicher Augenauf-
schlag – und man ist geplündert bis auf das Netzhemd.
Bis auf die nackte Haut – die nackte, nackte Haut!
*(Er trommelt mit seinem Bleistift dem Kassierer den
Rücken.)* Ich zweifle keinen Augenblick, daß die Bank
in Florenz, die den Brief ausgestellt hat, so wenig von
dem Brief etwas weiß – wie der Papst den Mond be-
wohnt. Das ganze ist Schwindel, von langer Hand
vorbereitet. Und seine Urheber sitzen nicht in Florenz,
sondern Monte Carlo! Das kommt zuerst in Frage.
Verlassen Sie sich drauf. Wir haben hier eine jener
Existenzen gesehen, die im Sumpf des Spielpalastes
gedeihen. Und ich gebe mein zweites Wort darauf,
daß wir sie nicht wiedersehen. Der erste Versuch ist
mißglückt, die Person wird sich vor dem zweiten hü-
ten! – Wenn ich auch meine Späße mache – dabei bin
ich scharfäugig. Wir vom Bankgeschäft! – Ich hätte
eigentlich unserm Polizeileutnant Werde einen Wink
geben sollen! – Es geht mich ja weiter nichts an.
Schließlich ist die Bank zu Stillschweigen verpflichtet.
(An der Tür.) Verfolgen Sie mal in den auswärtigen
Zeitungen: wenn Sie von einer Hochstaplerin lesen,
die hinter Schloß und Riegel sicher gesetzt ist, dann
wollen wir uns wieder sprechen. Dann werden Sie
mir recht geben. Dann werden wir von unserer Freun-
din aus Florenz mehr hören – als wir heute oder morgen
hier wieder von ihrem Pelz zu sehen bekommen! *(Ab.)*

K a s s i e r e r *(siegelt Rollen).*

P o r t i e r *(mit Briefen von rechts, sie dem Gehilfen reichend).* Eine Quittung für eine Einschreibesendung bekomme ich wieder.

G e h i l f e *(stempelt den Zettel, gibt ihn an den Portier).*

P o r t i e r *(stellt noch Glas und Wasserflasche auf dem Tisch zurecht. Ab.)*

G e h i l f e *(trägt die Briefe in das Direktorzimmer – kommt wieder).*

D a m e *(kehrt zurück; rasch an den Schalter).* Ach Pardon.

K a s s i e r e r *(streckt die flache Hand hin).*

D a m e *(stärker).* Pardon.

K a s s i e r e r *(klopft).*

D a m e. Ich möchte den Herrn Direktor nicht nochmal stören.

K a s s i e r e r *(klopft).*

D a m e *(in Verzweiflung lächelnd).* Hören Sie bitte, ist das nicht möglich: ich hinterlasse der Bank den Brief über den ganzen Betrag und empfange einen Vorschuß von dreitausend?

K a s s i e r e r *(klopft ungeduldig).*

D a m e. Ich bin eventuell bereit, meine Brillanten als Unterpfand auszuhändigen. Die Steine wird Ihnen jeder Juwelier in der Stadt abschätzen. *(Sie streift einen Handschuh ab und nestelt am Armband.)*

D i e n s t m ä d c h e n *(rasch von rechts, setzt sich ins Rohrsofa und sucht, alles auswühlend, im Marktkorb).*

D a m e *(hat sich schwach erschreckend umgedreht: sich aufstützend sinkt ihre Hand auf die Hand des Kassierers).*

K a s s i e r e r *(dreht sich über die Hand in seiner Hand. Jetzt ranken seine Brillenscheiben am Handgelenk aufwärts.)*

D i e n s t m ä d c h e n *(findet aufatmend den Schein).*

D a m e *(nickt hin).*

D i e n s t m ä d c h e n *(ordnet im Korb).*

D a m e *(sich dem Kassierer zuwendend – trifft in sein Gesicht).*

K a s s i e r e r *(lächelt).*

D a m e *(zieht ihre Hand zurück).* Ich will die Bank nicht zu Leistungen veranlassen, die sie nicht verantworten kann. *(Sie legt das Armband an, müht sich an der Schließe. Dem Kassierer den Arm hinstreckend.)* Würden Sie die Freundlichkeit haben – ich bin nicht geschickt genug mit einer Hand nur.

K a s s i e r e r *(Büsche des Bartes wogen – Brille sinkt in blühende Höhlen eröffneter Augen).*

D a m e *(zum Dienstmädchen).* Sie helfen mir, Fräulein.

D i e n s t m ä d c h e n *(tut es).*

D a m e. Noch die Sicherheitskette. *(Mit einem kleinen Schrei.)* Sie stechen ja in mein offenes Fleisch. So hält es. Vielen Dank, Fräulein. *(Sie grüßt noch den Kassierer. Ab.)*

D i e n s t m ä d c h e n *(am Schalter, legt ihren Schein hin).*

K a s s i e r e r *(greift ihn in wehenden Händen. Lange sucht er unter der Platte. Dann zahlt er aus.)*

D i e n s t m ä d c h e n *(sieht das aufgezählte Geld an; dann zum Kassierer).* Das bekomme ich doch nicht?

K a s s i e r e r *(schreibt).*

G e h i l f e *(wird aufmerksam).*

D i e n s t m ä d c h e n *(zum Gehilfen).* Es ist doch mehr.

G e h i l f e *(sieht zum Kassierer).*

K a s s i e r e r *(streicht einen Teil wieder ein).*

D i e n s t m ä d c h e n. Immer noch zuviel!

K a s s i e r e r *(schreibt).*

D i e n s t m ä d c h e n *(steckt kopfschüttelnd das Geld in den Korb. Ab.)*

K a s s i e r e r *(durch Heiserkeit sträubt sich der Laut herauf).* Holen Sie – Glas Wasser!

G e h i l f e *(geht aus dem Schalter zum Tisch).*

K a s s i e r e r. Das ist abgestanden. Frisches – von der Leitung.

G e h i l f e *(geht mit dem Glas in die Stahlkammer).*

Kassierer *(behende nach einem Klingelknopf – drückt).*

Portier *(kommt).*
Kassierer. Holen Sie frisches Wasser.
Portier. Ich darf nicht von der Tür draußen weg.
Kassierer. Für mich. Das ist Jauche. Ich will Wasser von der Leitung.
Portier *(mit der Wasserflasche in die Stahlkammer).*

Kassierer *(stopft mit schnellen Griffen die zuletzt gehäuften Scheine und Geldrollen in seine Taschen. Dann nimmt er den Mantel vom Haken, wirft ihn über den Arm. Noch den Hut. Er verläßt den Schalter – und geht rechts ab.)*

Direktor *(in einen Brief vertieft links herein).* Da ist ja die Bestätigung von Florenz eingetroffen!

Gehilfe *(mit dem Glas Wasser aus der Stahlkammer).*

Portier *(mit der Wasserflasche aus der Stahlkammer).*
Direktor *(bei ihrem Anblick).* Zum Donnerwetter, was heißt denn das?

Hotelschreibzimmer. Hinten Glastür. Links Schreibtisch mit Telephonapparat. Rechts Sofa, Sessel mit Tisch mit Zeitschriften usw.

Dame *(schreibt).*

Sohn *(in Hut und Mantel kommt – im Arm großen flachen Gegenstand in ein Tuch gehüllt).*
Dame *(überrascht).* Du hast es?
Sohn. Unten sitzt der Weinhändler. Der schnurrige Kopf beargwöhnt mich, ich brenne ihm aus.
Dame. Am Morgen war er doch froh, es loszuwerden.

S o h n. Jetzt wittert er wohl allerhand.

D a m e. Du wirst ihn aufmerksam gemacht haben.

S o h n. Ich habe mich ein bißchen gefreut.

D a m e. Das muß Blinde sehend machen!

S o h n. Sie sollen auch die Augen aufreißen. Aber beruhige dich, Mama, der Preis ist derselbe wie am Morgen.

D a m e. Wartet der Weinhändler?

S o h n. Den lassen wir warten.

D a m e. Ich muß dir leider mitteilen –

S o h n *(küßt sie).* Also Stille. Feierliche Stille. Du blickst erst hin, wenn ich dich dazu auffordere. *(Er wirft Hut und Mantel ab, stellt das Bild auf einen Sessel und lüftet das Tuch.)* Noch nicht?

S o h n *(sehr leise).* Mama.

D a m e *(dreht sich im Stuhl um).*

S o h n *(kommt zu ihr, legt seinen Arm um ihre Schultern).* Nun?

D a m e. Das ist allerdings nicht für eine Weinstube!

S o h n. Es hing auch gegen die Wand gedreht. Auf die Rückseite hatte der Mann seine Photographie gepappt.

D a m e. Hast du die mitgekauft?

S o h n *(lacht).* Wie findest du es?

D a m e. Ich finde es – sehr naiv.

S o h n. Köstlich – nicht wahr? Für einen Cranach fabelhaft.

D a m e. Willst du es als Bild so hochschätzen?

S o h n. Als Bild selbstverständlich! Aber daneben das Merkwürdige der Darstellung. Für Cranach – und für die Behandlung des Gegenstandes in der gesamten Kunst überhaupt. Wo findest du das? Pitti – Uffizien – die Vatikanischen? Der Louvre ist ja ganz schwach darin. Wir haben hier zweifellos die erste und einzige erotische Figuration des ersten Menschenpaares. Hier liegt noch der Apfel im Gras – aus dem unsäglichen Laubgrün lugt die Schlange – der Vorgang spielt sich also im Paradies selbst ab und nicht nach der Verstoßung. Das ist der wirkliche Sündenfall! – Ein Unikum. Cranach hat ja Dutzend Adam und Eva

gemalt – steif – mit dem Zweige in der Mitte – und
vor allem die zwei getrennt. Es heißt da: sie erkann-
ten sich. Hier jubelt zum erstenmal die selige Mensch-
heitsverkündung auf: sie liebten sich! Hier zeigt sich
ein deutscher Meister als Erotiker von südlichster, al-
lersüdlichster Emphatik! *(Vor dem Bild.)* Dabei diese
Beherrschtheit noch in der Ekstase. Diese Linie des
männlichen Armes, die die weibliche Hüfte überschnei-
det. Die Horizontale der unten gelagerten Schenkel
und die Schräge des andern Schenkelpaares. Das er-
müdet das Auge keinen Moment. Das erzeugt Liebe
im Hinsehen – der Fleischton leistet natürlich die
wertvollste Hilfe. Geht es dir nicht ebenso?

D a m e. Du bist wie das Bild naiv.

S o h n. Was meinst du damit?

D a m e. Ich bitte dich, das Bild im Hotel in deinem
Zimmer zu verbergen.

S o h n. Zu Hause wird es ja erst mächtig auf mich wir-
ken. Florenz und dieser Cranach. Der Abschluß meines Buches wird natürlich weit hinausgeschoben. Das
muß verarbeitet sein. Das muß aus eigenem Fleisch und
Blut zurückströmen, sonst versündigt sich der Kunst-
historiker. Augenblicklich fühle ich mich ziemlich er-
schlagen. – Auf der ersten Station dieser Reise das
Bild zu finden.

D a m e. Du vermutetest es doch mit Sicherheit.

S o h n. Aber vor dem Ereignis steht man doch geblen-
det. Ist es nicht zum Verrücktwerden? Mama, ich bin
ein Glücksmensch!

D a m e. Du ziehst die Resultate aus deinen eingehenden
Studien.

S o h n. Und ohne deine Hilfe? Ohne deine Güte?

D a m e. Ich finde mein Glück mit dir darin.

S o h n. Du übst endlose Nachsicht mit mir. Ich reiße
dich aus deinem schönen, ruhigen Leben in Fiesole. Du
bist Italienerin, ich hetze dich durch Deutschland mitten im Winter. Du übernachtest im Schlafwagen –
Hotels zweiter, dritter Güte – schlägst dich mit allerhand Leuten herum –

D a m e. Das habe ich allerdings reichlich gekostet!

S o h n. Ich verspreche dir, mich zu beeilen. Ich bin ja
    selbst ungeduldig, den Schatz in Sicherheit zu bringen.
    Um drei reisen wir. Willst du mir die Dreitausend ge-
    ben?
D a m e. Ich habe sie nicht.
S o h n. Der Besitzer des Bildes ist im Hotel.
D a m e. Die Bank konnte sie mir nicht auszahlen. Von
    Florenz muß sich die Benachrichtigung verzögert haben.
S o h n. Ich habe die Bezahlung zugesagt.
D a m e. Dann mußt du ihm das Bild wieder ausliefern,
    bis die Bank Auftrag erhält.
S o h n. Läßt sich das nicht beschleunigen?
D a m e. Ich habe hier ein Telegramm aufgesetzt, das
    ich jetzt besorgen lasse. Wir sind ja schnell gereist —

K e l l n e r *(klopft an).*
D a m e. Bitte.
K e l l n e r. Ein Herr von der Bank wünscht gnädige
    Frau zu sprechen.
D a m e *(zum Sohn).* Da wird mir das Geld schon ins
    Hotel geschickt. *(Zum Kellner.)* Ich bitte.
K e l l n e r *(ab).*

S o h n. Du rufst mich, wenn du mir das Geld geben
    kannst. Ich lasse den Mann nicht gern wieder aus dem
    Hotel gehen.
D a m e. Ich telephoniere dir.
S o h n. Ich sitze unten. *(Ab.)*

D a m e *(schließt die Schreibmappe).*

*(Kellner und Kassierer erscheinen hinter der Glastür.
Kassierer überholt den Kellner, öffnet; Kellner kehrt
um, ab.)*

K a s s i e r e r *(noch Mantel überm Arm — tritt ein).*
D a m e *(zeigt nach einem Sessel und setzt sich ins Sofa).*
K a s s i e r e r *(den Mantel bei sich, auf dem Sessel).*
D a m e. Bei der Bank ist —
K a s s i e r e r *(sieht das Bild).*

D a m e. Dies Bild steht in enger Beziehung zu meinem Besuch auf der Bank.

K a s s i e r e r. Sie?

D a m e. Entdecken Sie Ähnlichkeiten?

K a s s i e r e r *(lächelnd)*. Am Handgelenk!

D a m e. Sind Sie Kenner?

K a s s i e r e r. Ich wünsche – mehr kennenzulernen!

D a m e. Interessieren Sie diese Bilder?

K a s s i e r e r. Ich bin im Bilde!

D a m e. Finden sich noch Stücke bei Besitzern in der Stadt? Sie würden mir einen Dienst erweisen. Das ist mir ja wichtiger – so wichtig wie das Geld!

K a s s i e r e r. Geld habe ich.

D a m e. Am Ende wird die Summe nicht genügen, über die ich meinen Brief ausstellen ließ.

K a s s i e r e r *(packt die Scheine und Rollen aus)*. Das ist genug!

D a m e. Ich kann nur zwölftausend erheben.

K a s s i e r e r. Sechzigtausend!

D a m e. Auf welche Weise?

K a s s i e r e r. Meine Angelegenheit.

D a m e. Wie soll ich –?

K a s s i e r e r. Wir reisen.

D a m e. Wohin?

K a s s i e r e r. Über die Grenze. Packen Sie Ihren Koffer – wenn Sie einen haben. Sie reisen vom Bahnhof ab – ich laufe bis zur nächsten Station zu Fuß und steige zu. Wir logieren zum ersten Male – – Kursbuch? *(Er findet es auf dem Tische.)*

D a m e. Bringen Sie mir denn von der Bank über dreitausend?

K a s s i e r e r *(beschäftigt)*. Ich habe sechzigtausend eingesteckt. Fünfzigtausend in Scheinen – zehntausend in Gold.

D a m e. Davon gehören mir –?

K a s s i e r e r *(bricht eine Rolle auf und zählt fachmännisch die Stücke in eine Hand vor, dann auf den Tisch hin)*. Nehmen Sie. Stecken Sie fort. Wir könnten belauscht sein. Die Tür hat Glasscheiben. Fünfhundert in Gold.

D a m e. Fünfhundert?

K a s s i e r e r. Später mehr. Wenn wir in Sicherheit sind. Hier dürfen wir nichts sehen lassen. Vorwärts. Einkassiert. Für Zärtlichkeiten ist diese Stunde nicht geeignet, sie dreht rasend ihre Speichen, in denen jeder Arm zermalmt wird, der eingreift! *(Er springt auf.)*

D a m e. Ich brauche dreitausend.

K a s s i e r e r. Wenn sie die Polizei in Ihrer Tasche findet, sind Sie hinter Schloß und Riegel gesetzt!

D a m e. Was geht es die Polizei an?

K a s s i e r e r. Sie erfüllten den Kassenraum. An Sie hakt sich der Verdacht, und unsere Verkettung liegt zutage.

D a m e. Ich betrat den Kassenraum –

K a s s i e r e r. Unverfroren.

D a m e. Ich forderte –

K a s s i e r e r. Sie versuchten.

D a m e. Ich suchte –

K a s s i e r e r. – die Bank zu prellen, als Sie Ihren gefälschten Brief präsentierten.

D a m e *(aus ihrer Handtasche den Brief nehmend)*. Dieser Brief ist nicht echt?

K a s s i e r e r. So unecht wie Ihre Brillanten.

D a m e. Ich bot meine Wertsachen als Pfand an. Warum sind meine Pretiosen Imitationen?

K a s s i e r e r. Damen Ihres Schlages blenden nur.

D a m e. Von welchem Schlage bin ich denn? Schwarzhaarig – mein Teint ist dunkel. Ich bin südlicher Schlag. Toskana.

K a s s i e r e r. Monte Carlo!

D a m e *(lächelt)*. Nein, Florenz!

K a s s i e r e r *(sein Blick stürzt auf Hut und Mantel des Sohnes)*. Komme ich zu spät?

D a m e. Zu spät?

K a s s i e r e r. Wo ist er? Ich werde mit ihm verhandeln. Er wird mit sich handeln lassen. Ich habe Mittel. Wieviel soll ich ihm bieten? Wie hoch veranschlagen Sie die Entschädigung? Wieviel stopfe ich ihm in die Tasche? Ich steigere bis zu fünfzehntausend! – Schläft er? Rekelt er sich im Bett? Wo ist euer Zimmer? Zwanzigtausend – fünftausend mehr für unverzöger-

ten Abstand! *(Er rafft Hut und Mantel vom Sessel.)*
Ich bringe ihm seine Sachen.

D a m e *(verwundert).* Der Herr sitzt im Vestibül.

K a s s i e r e r. Das ist zu gefährlich. Es ist belebt unten.
Rufen Sie ihn herauf. Ich setze ihn hier matt. Klingeln
Sie. Der Kellner soll fliegen. Zwanzigtausend – in
Scheinen! *(Er zählt auf.)*

D a m e. Kann mein Sohn mich legitimieren?

K a s s i e r e r *(prallt zurück).* Ihr – – Sohn?!

D a m e. Ich reise mit ihm. Ich begleite ihn auf einer
Studienreise, die uns von Florenz nach Deutschland
führt. Mein Sohn sucht Material für sein kunsthisto-
risches Werk.

K a s s i e r e r *(starrt sie an).* – – Sohn?!

D a m e. Ist das so ungeheuerlich?

K a s s i e r e r *(wirr).* Dies – – Bild?!

D a m e. Ist sein glücklicher Fund. Mit dreitausend bezahlt es mein Sohn. Das sind die von mir sehnlich ge-
wünschten Dreitausend. Ein Weingroßhändler – den
Sie ja kennen werden, wenn Sie seinen Namen hören –
überläßt es ihm zu diesem Preis.

K a s s i e r e r. – – Pelz – – Seide – – es schillerte und
knisterte – – die Luft wogte von allen Parfümen!

D a m e. Es ist Winter. Ich trage nach meinen Begriffen
keine besondere Kleidung.

K a s s i e r e r. Der falsche Brief?!

D a m e. Ich bin im Begriff, an meine Bank zu depeschie-
ren!

K a s s i e r e r. Ihr Handgelenk nackt – – um das ich die
Kette ranken sollte?!

D a m e. Die linke Hand allein ist ungeschickt.

K a s s i e r e r *(dumpf).* Ich habe – – das Geld eingesteckt – – – –

D a m e *(belustigt).* Sind Sie und die Polizei nun zufrieden? Mein Sohn ist wissenschaftlich nicht unbekannt.

K a s s i e r e r. Jetzt – – in diesem Moment werde ich
vermißt. Ich hatte Wasser für mich bestellt, um den
Gehilfen zu entfernen – zweimal Wasser, um die Tür
vom Portier zu entblößen. Die Noten und Rollen sind
verschwunden. Ich habe defraudiert! – – Ich darf mich

nicht in den Straßen – auf dem Markt sehen lassen.
Ich darf den Bahnhof nicht betreten. Die Polizei ist
auf den Beinen. Sechzigtausend! – – Ich muß übers
Feld – quer durch den Schnee, bevor die Gendarmen
alarmiert sind!

D a m e *(entsetzt).* Schweigen Sie doch!

K a s s i e r e r. Ich habe alles Geld eingesteckt – – Sie
erfüllten den Kassenraum – – Sie schillerten und kni-
sterten – – Sie senkten Ihre nackte Hand in meine – –
Sie rochen heiß – – Ihr Mund roch – –

D a m e. Ich bin eine Dame!

K a s s i e r e r *(stier).* Jetzt müssen Sie doch – –!!

D a m e *(sich bezwingend).* Sind Sie verheiratet? *(Auf
seine schwingende Geste.)* Ich meine, das gilt sehr viel.
Wenn ich es nicht überhaupt als einen Scherz auffas-
sen soll. Sie haben sich zu einer unüberlegten Hand-
lung hinreißen lassen. Sie reparieren den Schaden. Sie
kehren in Ihren Schalter zurück und schützen ein mo-
mentanes Unwohlsein vor. Sie haben den vollen Betrag noch bei sich?

K a s s i e r e r. Ich habe mich an der Kasse vergriffen –

D a m e *(schroff).* Das interessiert mich dann nicht weiter.

K a s s i e r e r. Ich habe die Bank geplündert –

D a m e. Sie belästigen mich, mein Herr.

K a s s i e r e r. Jetzt müssen Sie – –

D a m e. Was ich müßte –

K a s s i e r e r. Jetzt müssen Sie doch!!

D a m e. Lächerlich.

K a s s i e r e r. Ich habe geraubt, gestohlen. Ich habe
mich ausgeliefert – ich habe meine Existenz vernich-
tet – alle Brücken sind gesprengt – ich bin ein Dieb –
Räuber – – *(Über den Tisch geworfen.)* Jetzt müssen
Sie doch – – jetzt müssen Sie doch!!!

D a m e. Ich werde Ihnen meinen Sohn rufen, vielleicht –

K a s s i e r e r *(verändert, agil).* Jemanden rufen? Aller-
weltsleute rufen? Alarm schlagen? Großartig! – Dumm.
Plump. Mich fangen sie nicht ein. In die Falle trete ich
nicht. Ich habe meinen Witz, meine Herrschaften. Euer
Witz tappt hinterher – ich immer zehn Kilometer

voraus. Rühren Sie sich nicht. Stillgesessen, bis ich – *(Er steckt das Geld ein, drückt den Hut ins Gesicht, preßt den Mantel auf die Brust.)* Bis ich – *(Behende geräuschlos durch die Glastür ab.)*

D a m e *(steht verwirrt).*

S o h n *(kommt).* Der Herr von der Bank ging aus dem Hotel. Du bist erregt, Mama. Ist das Geld –

D a m e. Die Unterhaltung hat mich angestrengt. Geldsachen, Jungchen. Du weißt, es reizt mich immer etwas.

S o h n. Sind Schwierigkeiten entstanden, die die Auszahlung wieder aufhalten?

D a m e. Ich müßte es dir vielleicht doch sagen –

S o h n. Muß ich das Bild zurückgeben?

D a m e. An das Bild denke ich nicht.

S o h n. Das geht uns doch am meisten an.

D a m e. Ich glaube, ich muß sogleich eine Anzeige erstatten.

S o h n. Was für eine Anzeige?

D a m e. Die Depesche besorge. Ich muß unter allen Umständen von meiner Bank eine Bestätigung in Händen haben.

S o h n. Genügt dein Bankbrief nicht?

D a m e. Nein. Nicht ganz. Geh nach dem Telegraphenamt. Ich möchte den Portier nicht mit der offenen Depesche schicken.

S o h n. Und wann kommt nun das Geld?

(Das Telephon schrillt.)

D a m e. Da werde ich schon angerufen. *(Am Apparat.)* Ist eingetroffen. Ich soll selbst abheben. Gern. Aber bitte, Herr Direktor. Ich bin gar nicht aufgebracht. Florenz ist weit. Ja, die Post in Italien. Wie? Warum? Wie? Ja, warum? Ach so – via Berlin, das ist allerdings ein großer Umweg. – Mit keinem Gedanken. Danke, Herr Direktor. In zehn Minuten. Adieu. *(Zum Sohn.)* Erledigt, Junge. Meine Depesche ist überflüssig

geworden. *(Sie zerreißt das Formular.)* Du hast dein
Bild. Dein Weinhändler begleitet uns. Er nimmt auf
der Bank den Betrag in Empfang. Verpacke deinen
Schatz. Von der Bank fahren wir zum Bahnhof. *(Te-
lephonierend, während Sohn das Bild verhüllt.)* Ich
bitte um die Rechnung. Zimmer vierzehn und sech-
zehn. Sehr eilig. Bitte.

*Verschneites Feld mit Baum mit tiefreichender Astwirr-
nis. Blauschattende Sonne.*

K a s s i e r e r *(kommt, rückwärts gehend. Er schaufelt
mit den Händen seine Spur zu. Sich aufrichtend.)*
Solch ein Mensch ist doch ein Wunderwerk. Der Me-
chanismus klappt in Scharnieren – lautlos. Plötzlich
sind Fähigkeiten ermittelt und mit Schwung tätig.
Wie gebärden sich meine Hände? Wo haben sie Schnee
geschippt? Jetzt wuchten sie die Massen, daß die Flok-
ken stäuben. Überdies ist meine Spur über das Schnee-
feld wirkungsvoll verwischt. Erzielt ist ein undurch-
sichtiges Inkognito! *(Er streift die erweichten Manschetten ab.)* Nässe und Frost begünstigen scharfe Er-
kältungen. Unversehens bricht Fieber aus und beein-
flußt die Entschlüsse. Man verliert die Kontrolle über
seine Handlungen, und aufs Krankenbett geworfen,
ist man geliefert! *(Er knöpft die Knöpfe heraus und
schleudert die Manschetten weg.)* Ausgedient. Da liegt.
Ihr werdet in der Wäsche fehlen. Das Lamento plärrt
durch die Küche: ein Paar Manschetten fehlt. Kata-
strophe im Waschkessel. Weltuntergang! *(Er sammelt
die Manschetten wieder auf und stopft sie in die Man-
teltaschen.)* Toll: da arbeitet mein Witz schon wieder.
Mit unfehlbarer Sicherheit. Ich quäle mich mit dem
zerstampften Schnee ab und verrate mich mit zwei
leichtsinnig verschleuderten Wäschestücken. Meist ist
es eine Kleinigkeit – ein Versehen – eine Flüchtigkeit,
die den Täter feststellt. Hopla! *(Er sucht sich einen be-*

quemen Sitz in einer Astgabel.) Ich bin doch neugierig.
Meine Spannung ist gewaltig geschwollen. Ich habe
Grund, mich auf die wichtigsten Entdeckungen ge-
faßt zu machen. Im Fluge gewonnene Erfahrungen
stehen mir zur Seite. Am Morgen noch erprobter
Beamter. Man vertraut mir runde Vermögen an, der
Bauverein deponiert Riesensummen. Mittags ein durch-
triebener Halunke. Mit allen Wassern gewaschen. Die
Technik der Flucht bis in die Details durchgebildet.
Das Ding gedreht und hin. Fabelhafte Leistung. Und
der Tag erst zur Hälfte bezwungen! (*Er stützt das
Kinn auf die Faustrücken.*) Ich bin bereit, jedem Vor-
fall eine offene Brust zu bieten. Ich besitze untrüg-
liche Zeichen, keinem Anspruch die Antwort schuldig
zu bleiben. Ich bin auf dem Marsche – Umkehr findet
nicht statt. Ich marschiere – also ohne viel Federlesen
heraus mit den Trümpfen. Ich habe sechzigtausend auf
die Karte gesetzt – und erwarte den Trumpf. Ich
spiele zu hoch, um zu verlieren. Keine Flausen – auf-
gedeckt und heda! Verstanden? (*Er lacht ein krächzen-
des Gelächter.*) Jetzt müssen Sie, schöne Dame. Ihr
Stichwort, seidene Dame. Bringen Sie es doch, schil-
lernde Dame, Sie lassen ja die Szene unter den Tisch
fallen. Dummes Luder. Und sowas spielt Komödie.
Kommt euren natürlichen Verpflichtungen nach, zeugt
Kinder – und belästigt nicht die Souffleuse! – Verzeihung, Sie haben ja einen Sohn. Sie sind vollständig legi-
timiert. Ich liquidiere meine Verdächtigungen. Leben
Sie wohl und grüßen Sie den Direktor. Seine Kalbs-
augen werden Sie mit einem eklen Schleim bestreichen,
aber machen Sie sich nichts draus. Der Mann ist um
sechzigtausend geprellt, der Bauverein wird ihm das
Dach neu beschindeln. Das klappert erbärmlich. Ich
entbinde Sie aller Verpflichtungen gegen mich, Sie sind
entlassen, Sie können gehen. – Halt! Nehmen Sie meinen Dank auf den Weg – in die Eisenbahn! – Was?
Keine Ursache? – Ich denke, bedeutende! Nicht der
Rede wert? – Sie scherzen, Ihr Schuldner! Wieso? –
Ich verdanke Ihnen das Leben! – Um Himmels wil-
len! – Ich übertreibe? Mich haben Sie, knisternd, auf-

gelockert. Ein Sprung hinter Sie drein stellt mich in den Brennpunkt unerhörter Geschehnisse. Und mit der Fracht in der Brusttasche zahle ich alle Begünstigungen bar! *(Mit einer nachlässigen Geste.)* Verduften Sie jetzt, Sie sind bereits überboten und können bei beschränkten Mitteln – ziehen Sie sich Ihren Sohn zu Gemüte – auf keinen Zuschlag hoffen! *(Er holt das Banknotenbündel aus der Tasche und klatscht es auf die Hand.)* Ich zahle bar! Der Betrag ist flüssig gemacht – die Regulierung läuft dem Angebot voraus. Vorwärts, was bietet sich? *(Er sieht in das Feld.)* Schnee. Schnee. Sonne. Stille. *(Er schüttelt den Kopf und steckt das Geld ein.)* Es wäre eine schamlose Übervorteilung – mit dieser Summe blauen Schnee zu bezahlen. Ich mache das Geschäft nicht. Ich trete vor dem Abschluß zurück. Keine reelle Sache! *(Die Arme aufwerfend.)* Ich muß bezahlen!! – – Ich habe das Geld bar!! – – Wo ist Ware, die man mit dem vollen Einsatz kauft?! Mit sechzigtausend – und dem ganzen Käufer mit Haut und Knochen?! – – *(Schreiend.)* Ihr müßt mir doch liefern – – ihr müßt doch Wert und Gegenwert in Einklang bringen!!!! *(Sonne von Wolken verfinstert. Er steigt aus der Gabel.)* Die Erde kreißt – Frühlingsstürme. Es macht sich, es macht sich. Ich wußte, daß ich nicht umsonst gerufen habe. Die Aufforderung war dringend. Das Chaos ist beleidigt, es will sich nicht vor meiner eingreifenden Tat am Vormittag blamieren. Ich wußte ja, man darf in solchen Fällen nicht locker lassen. Hart auf den Leib rücken – und das Mäntelchen vom Leib, dann zeigt sich was! – Vor wem lüfte ich denn so höflich meinen Hut? *(Sein Hut ist ihm entrissen. Der Orkan hat den Schnee von den Zweigen gepeitscht: Reste in der Krone haften und bauen ein menschliches Gerippe mit grinsenden Kiefern auf. Eine Knochenhand hält den Hut.)* Hast du die ganze Zeit hinter mir gesessen und mich belauscht? Bist du ein Abgesandter der Polizei? Nicht in diesem lächerlich beschränkten Sinne. Umfassend: Polizei des Daseins? – Bist du die erschöpfende Antwort auf meine nachdrückliche Befragung? Willst du mit deiner einigermaßen reichlich durchlöcherten Existenz andeuten: das abschließende Ergebnis – deine Abgebranntheit? – Das ist etwas dürftig. Sehr dürftig. Nämlich nichts! – Ich lehne die Auskunft als nicht lückenlos ab. Ich danke für die Bedienung. Schließen Sie Ihren Laden mit alten Knochen. Ich bin nicht der erste beste, der sich beschwatzen läßt! – Der Vorgang wäre ja ungeheuer einfach. Sie entheben der weiteren Verwickelungen. Aber ich schätze Komplikationen höher. Leben Sie wohl – wenn Sie das in Ihrer Verfassung können! – Ich habe noch einiges zu erledigen. Wenn man unterwegs ist, kann man nicht in jede Haustür eintreten. Auch auf die freundlichste Einladung nicht. Ich sehe bis zum Abend noch eine ganze Menge Verpflichtungen vor mir. Sie können unmöglich die erste sein. Vielleicht die letzte. Aber auch dann nur notgedrungen. Vergnügen macht es mir nicht. Aber, wie gesagt, notgedrungen – darüber läßt sich reden. Rufen Sie mich gegen Mitternacht nochmals an. Wechselnde Telephonnummer beim Amt zu erfragen! – Verzeihung, ich rede dich mit Sie an. Wir stehen doch wohl auf du und du. Die Verwandtschaft bezeugt sich innigst. Ich glaube sogar, du steckst in mir drin. Also winde dich aus dem Astwerk los, das dich von allen Seiten durchsticht, und rutsche in mich hinein. Ich hinterlasse in meiner zweideutigen Lage nicht gern Spuren. Vorher gib mir meinen Hut wieder! *(Er nimmt den Hut vom Ast, den der Sturm ihm jetzt entgegenbiegt – verbeugt sich.)* Ich sehe, wir haben bis zu einem annehmbaren Grade eine Verständigung erzielt. Das ist ein Anfang, der Vertrauen einflößt und im Wirbel kommender großartiger Ereignisse den nötigen Rückhalt schafft. Ich weiß das unbedingt zu würdigen. Mit vorzüglicher Hochachtung – – *(Donner rollt. Ein letzter Windstoß fegt auch das Gebilde aus dem Baum. Sonne bricht durch. Es ist hell wie zu Anfang.)* Ich sagte doch gleich, daß die Erscheinung nur vorübergehend war! *(Er drückt den Hut in die Stirn, schlägt den Mantelkragen hoch und trabt durch den stäubenden Schnee weg.)*

ZWEITER TEIL

*Stube bei Kassierer. Fenster mit abgeblühten Geranien.
Zwei Türen hinten, Tür rechts. Tisch und Stühle. Klavier.
Mutter sitzt am Fenster. Erste Tochter stickt am Tisch.
Zweite Tochter übt die Tannhäuserouvertüre. Frau geht
durch die Tür rechts hinten ein und aus.*

M u t t e r. Was spielst du jetzt?

E r s t e T o c h t e r. Es ist doch die Tannhäuserouvertüre.

M u t t e r. Die Weiße Dame ist auch sehr schön.

E r s t e T o c h t e r. Die hat sie diese Woche nicht abonniert.

F r a u *(kommt)*. Es ist Zeit, daß ich die Koteletts brate.

E r s t e T o c h t e r. Lange noch nicht, Mutter.

F r a u. Nein, es ist noch nicht Zeit, daß ich die Koteletts brate. *(Ab.)*

M u t t e r. Was stickst du jetzt?

E r s t e T o c h t e r. Die Langetten.

F r a u *(kommt zur Mutter)*. Wir haben heute Koteletts.

M u t t e r. Bratest du sie jetzt?

F r a u. Es hat noch Zeit. Es ist ja noch nicht Mittag.

E r s t e T o c h t e r. Es ist ja noch lange nicht Mittag.

F r a u. Nein, es ist noch lange nicht Mittag.

M u t t e r. Wenn er kommt, ist es Mittag.

F r a u. Er kommt noch nicht.

E r s t e T o c h t e r. Wenn Vater kommt, ist es Mittag.

F r a u. Ja. *(Ab.)*

Z w e i t e T o c h t e r *(aufhörend, lauschend)*. Vater?

E r s t e T o c h t e r *(ebenso)*. Vater?

F r a u *(kommt)*. Mein Mann?
M u t t e r. Mein Sohn?
Z w e i t e T o c h t e r *(öffnet rechts)*. Vater!
E r s t e T o c h t e r *(ist aufgestanden)*. Vater!
F r a u. Der Mann!
M u t t e r. Der Sohn!

K a s s i e r e r *(tritt rechts ein, hängt Hut und Mantel auf)*.
F r a u. Woher kommst du?
K a s s i e r e r. Vom Friedhof.
M u t t e r. Ist jemand plötzlich gestorben?
K a s s i e r e r *(klopft ihr auf den Rücken)*. Man kann wohl plötzlich sterben, aber nicht plötzlich begraben werden.
F r a u. Woher kommst du?
K a s s i e r e r. Aus dem Grabe. Ich habe meine Stirn durch Schollen gebohrt. Hier hängt noch Eis. Es hat besondere Anstrengungen gekostet, um durchzukommen. Ganz besondere Anstrengungen. Ich habe mir die Finger etwas beschmutzt. Man muß lange Finger machen, um hinauszugreifen. Man liegt tief gebettet. So ein Leben lang schaufelt mächtig. Berge sind auf einen getürmt. Schutt, Müll – es ist ein riesiger Abladeplatz. Die Gestorbenen liegen ihre drei Meter abgezählt unter der Oberfläche – die Lebenden verschüttet es immer tiefer.
F r a u. Du bist eingefroren – oben und unten.
K a s s i e r e r. Aufgetaut! Von Stürmen – frühlinghaft – geschüttelt. Es rauschte und brauste – ich sage dir, es hieb mir das Fleisch herunter, und mein Gebein saß nackt. Knochen – gebleicht in Minuten. Schädelstätte! Zuletzt schmolz mich die Sonne wieder zusammen. Dermaßen von Grund auf geschah die Erneuerung. Da habt ihr mich.
M u t t e r. Du bist im Freien gewesen?
K a s s i e r e r. In scheußlichen Verliesen, Mutter! Unter abgrundsteilen Türmen bodenlos verhaftet. Klirrende Ketten betäubten das Gehör. Von Finsternis meine Augen ausgestochen!

F r a u. Die Bank ist geschlossen. Der Direktor hat mit euch getrunken. Es ist ein freudiges Ereignis in seiner Familie?

K a s s i e r e r. Er hat eine neue Mätresse auf dem Korn. Italienerin – Pelz – Seide – wo die Orangen blühen. Handgelenke wie geschliffen. Schwarzhaarig – der Teint ist dunkel. Brillanten. Echt – alles echt. Tos – Tos – der Schluß klingt wie Kanaan. Hol' einen Atlas. Tos – Kanaan. Gibt es das? Ist es eine Insel? Ein Gebirge? Ein Sumpf? Die Geographie kann über alles Auskunft geben! Aber er wird sich schneiden. Glatt abfallen – abgebürstet werden wie ein Flocken. Da liegt er – zappelt auf dem Teppich – Beine kerzengerade in die Luft – das kugelfette Direktorchen!

F r a u. Die Bank hat nicht geschlossen?

K a s s i e r e r. Niemals, Frau. Die Kerker schließen sich niemals. Der Zuzug hat kein Ende. Die ewige Wallfahrt ist unbegrenzt. Wie Hammelherden hopsen sie hinein – in die Fleischbank. Das Gewühl ist dicht. Kein Entrinnen – oder mit keckem Satz über den Rücken!

M u t t e r. Dein Mantel ist auf dem Rücken zerrissen.

K a s s i e r e r. Betrachtet meinen Hut. Ein Landstreicher!

Z w e i t e T o c h t e r. Das Futter ist zerfetzt.

K a s s i e r e r. Greift in die Taschen – rechts – links!

E r s t e T o c h t e r *(zieht eine Manschette hervor).*

Z w e i t e T o c h t e r *(ebenso).*

K a s s i e r e r. Befund?

B e i d e T ö c h t e r. Deine Manschetten.

K a s s i e r e r. Ohne Knöpfe. Die Knöpfe habe ich hier. Triumph der Kaltblütigkeit! – – Paletot – Hut – ja, es geht ohne Fetzen nicht ab, wenn man über die Rücken setzt. Sie fassen nach einem – sie krallen Nägel ein! Hürden und Schranken – Ordnung muß herrschen. Gleichheit für alle. Aber ein tüchtiger Sprung – nicht gefackelt – und du bist aus dem Pferch – aus dem Göpelwerk. Ein Gewaltstreich, und hier stehe ich! Hinter mir nichts – und vor mir? *(Er sieht sich im Zimmer um.)*

F r a u *(starrt ihn an).*

M u t t e r *(halblaut)*. Er ist krank.

F r a u *(mit raschem Entschluß zur Tür rechts)*.

K a s s i e r e r *(hält sie auf. Zu einer Tochter.)* Hol'
meine Jacke. *(Tochter links hinten hinein, mit ver-
schnürter Samtjacke zurück. Er zieht sie an.)* Meine
Pantoffeln. *(Die andere Tochter bringt sie.)* Mein
Käppchen. *(Tochter kommt mit gestickter Kappe.)*
Meine Pfeife.

M u t t e r. Du sollst nicht rauchen, wenn du schon –

F r a u *(beschwichtigt sie hastig)*. – Soll ich dir anstecken?

K a s s i e r e r *(fertig häuslich gekleidet – nimmt am
Tisch eine bequeme Haltung an)*. Steck' an.

F r a u *(immer sorgenvoll eifrig um ihn bemüht)*. Zieht
sie?

K a s s i e r e r *(mit der Pfeife beschäftigt)*. Ich werde sie
zur gründlichen Reinigung schicken müssen. Im Rohr
sind wahrscheinlich Ansammlungen von unverbrauch-
ten Tabakresten. Der Zug ist nicht frei von inne-
ren Widerständen. Ich muß mehr, als eigentlich notwendig sein sollte, ziehen.

F r a u. Soll ich sie gleich forttragen?

K a s s i e r e r. Nein, geblieben. *(Mächtige Rauchwolken
ausstoßend.)* Annehmbar. *(Zur zweiten Tochter.)* Spiel'.

Z w e i t e T o c h t e r *(auf das Zeichen der Frau setzt
sich ans Klavier und spielt)*.

K a s s i e r e r. Was ist das für ein Stück?

Z w e i t e T o c h t e r *(atemlos)*. Wagner.

K a s s i e r e r *(nickt zustimmend. Zur ersten Tochter.)*
Nähst – flickst – stopfst du?

E r s t e T o c h t e r *(sich rasch hinsetzend)*. Ich sticke
Langetten.

K a s s i e r e r. Praktisch. – Und Mutterchen, du?

M u t t e r *(von der allgemeinen Angst angesteckt)*. Ich
nickte ein bißchen vor mich hin.

K a s s i e r e r. Friedvoll.

M u t t e r. Ja, mein Leben ist Frieden geworden.

K a s s i e r e r *(zur Frau)*. Du?

F r a u. Ich will die Koteletts braten.

K a s s i e r e r *(nickt)*. Die Küche.

F r a u. Ich brate dir deins jetzt.

K a s s i e r e r *(wie vorher).* Die Küche.
F r a u *(ab).*

K a s s i e r e r *(zur ersten Tochter).* Sperre die Türen
auf.
E r s t e T o c h t e r *(stößt die Türen hinten zurück: rechts
ist in der Küche die Frau am Herd beschäftigt, links
die Schlafkammer mit den beiden Betten.)*

F r a u *(in der Tür).* Ist dir sehr warm? *(Wieder am
Herd.)*

K a s s i e r e r *(herumblickend).* Alte Mutter am Fenster.
Töchter am Tisch stickend – Wagner spielend. Frau
die Küche besorgend. Von vier Wänden umbaut –
Familienleben. Hübsche Gemütlichkeit des Zusammen-
seins. Mutter – Sohn – Kind versammelt sind. Ver-
traulicher Zauber. Er spinnt ein. Stube mit Tisch und
Hängelampe. Klavier rechts. Kachelofen. Küche, täg-
liche Nahrung. Morgens Kaffee, mittags Koteletts.
Schlafkammer – Betten, hinein – hinaus. Vertrauli-
cher Zauber. Zuletzt – auf dem Rücken – steif und
weiß. Der Tisch wird hier an die Wand gerückt – ein
gelber Sarg streckt sich schräg, Beschläge abschraub-
bar – um die Lampe etwas Flor – ein Jahr wird nicht
das Klavier gespielt – – –
Z w e i t e T o c h t e r *(hört auf und läuft schluchzend
in die Küche).*

F r a u *(auf der Schwelle, fliegend).* Sie übt noch an dem
neuen Stück.
M u t t e r. Warum abonniert sie nicht auf die Weiße
Dame?
K a s s i e r e r *(verlöscht die Pfeife. Er beginnt sich wie-
der umzukleiden.)*
F r a u. Gehst du in die Bank? Du hattest einen Ge-
schäftsweg?
K a s s i e r e r. In die Bank – Geschäftsweg – nein.
F r a u. Wohin willst du jetzt?
K a s s i e r e r. Schwerste Frage, Frau. Ich bin von we

henden Bäumen niedergeklettert, um eine Antwort
aufzusuchen. Hier sprach ich zuerst vor. Es war doch
selbstverständlich. Es ist ja alles wunderschön – un-
streitbare Vorzüge verkleinere ich nicht, aber vor
letzten Prüfungen besteht es nicht. Hier liegt es nicht –
damit ist der Weg angezeigt. Ich erhalte ein klares
Nein. *(Er hat seinen früheren Anzug vollendet.)*

F r a u *(zerrissen).* Mann, wie entstellt siehst du aus?

K a s s i e r e r. Landstreicher. Ich sagte es ja. Scheltet
nicht! Besser ein verwahrloster Wanderer auf der
Straße – als Straßen leer von Wanderern!

F r a u. Wir essen jetzt zu Mittag.

K a s s i e r e r. Koteletts, ich rieche sie.

M u t t e r. Vor dem Mittagessen willst du –?

K a s s i e r e r. Ein voller Magen macht schläfrig.

M u t t e r *(fuchtelt plötzlich mit den Armen durch die
Luft, fällt zurück).*

E r s t e T o c h t e r. Die Großmutter –

Z w e i t e T o c h t e r *(aus der Küche).* Großmutter –
(Beide sinken an ihren Knien nieder.)

F r a u *(steht steif).*

K a s s i e r e r *(tritt zum Sessel).* Daran stirbt sie, weil
einer einmal vor dem Mittagessen weggeht. *(Er betrachtet die Tote.)* Schmerz? Trübsal? Tränengüsse,
verschwemmend? Sind die Bande so eng geknüpft –
daß, wenn sie zerrissen, im geballten Leid es sich er-
füllt? Mutter – Sohn? *(Er holt die Scheine aus der
Tasche und wägt sie auf der Hand – schüttelt den
Kopf und steckt sie wieder ein.)* Keine vollständige
Lähmung im Schmerz – kein Erfülltsein bis in die
Augen. Augen trocken – Gedanken arbeiten weiter.
Ich muß mich eilen, wenn ich zu gültigen Resultaten
vorstoßen will! *(Er legt sein abgegriffenes Portemon-
naie auf den Tisch.)* Sorgt. Es ist ehrlich erworbenes
Gehalt. Die Erklärung kann von Wichtigkeit werden.
Sorgt. *(Er geht rechts hinaus.)*

F r a u *(steht unbeweglich).*

Direktor *(durch die offene Tür rechts).* Ist Ihr Mann
zu Hause? – Ist Ihr Mann hierhergekommen? – Ich
habe Ihnen leider die betrübende Mitteilung zu machen, daß er sich an der Kasse vergriffen hat. Wir
haben seine Verfehlung schon seit einigen Stunden entdeckt. Es handelt sich um die Summe von sechzigtausend Mark, die der Bauverein deponierte. Die Anzeige
habe ich in der Hoffnung noch zurückgehalten, daß er
sich besinnen würde. – Dies ist mein letzter Versuch.
Ich bin persönlich gekommen. – Ihr Mann ist nicht
hier gewesen? *(Er sieht sich um, gewahrt Jacke, Pfeife
usw., alle offenen Türen.)* Dem Anschein nach – *(Seine
Blicke haften auf der Gruppe am Fenster, nickt.)* Ich
sehe, die Dinge sind schon in ein vorgerücktes Stadium
getreten. Dann allerdings – *(Er zuckt die Achseln,
setzt den Hut auf.)* Es bleibt ein aufrichtiges, privates
Bedauern, an dem es nicht fehlt – sonst die Konse-
quenzen. *(Ab.)*

Beide Töchter *(nähern sich der Frau).* Mutter –
Frau *(ausbrechend).* Kreischt mir nicht in die Ohren.
Glotzt mich nicht an. Was wollt ihr von mir? Wer seid
ihr? Fratzen – Affengesichter – was geht ihr mich an?
(Über den Tisch geworfen.) Mich hat mein Mann ver-
lassen!!
Beide Töchter *(scheu – halten sich an den Händen).*

Sportpalast. Sechstagerennen. Bogenlampenlicht.
Im Dunstraum rohgezimmerte freischwebende Holzbrücke.
Die jüdischen Herren als Kampfrichter kommen und gehen.
Alle sind ununterscheidbar: kleine bewegliche Gestalten,
in Smoking, stumpfen Seidenhut im Nacken, am Riemen
das Binokel.
Rollendes Getöse von Rädern über Bohlen.
Pfeifen, Heulen, Meckern geballter Zuschauermenge aus
Höhe und Tiefe. Musikkapellen.

E i n   H e r r *(kommend).* Ist alles vorbereitet?

E i n   H e r r. Sehen Sie doch.

E i n   H e r r *(durchs Glas).* Die Blattpflanzen –

E i n   H e r r. Was ist mit den Blattpflanzen?

E i n   H e r r. Zweifellos.

E i n   H e r r. Was ist denn mit den Blattpflanzen?

E i n   H e r r. Wer hat denn das Arrangement gestellt?

E i n   H e r r. Sie haben recht.

E i n   H e r r. Das ist ja irrsinnig.

E i n   H e r r. Hat sich denn niemand um die Aufstellung gekümmert?

E i n   H e r r. Einfach lächerlich.

E i n   H e r r. Der Betreffende muß selbst blind sein.

E i n   H e r r. Oder schlafen.

E i n   H e r r. Das ist die einzig annehmbare Erklärung bei dieser Veranstaltung.

E i n   H e r r. Was reden Sie – schlafen? Wir fahren doch erst in der vierten Nacht.

E i n   H e r r. Die Kübel müssen mehr auf die Seite gerückt werden.

E i n   H e r r. Gehen Sie?

E i n   H e r r. Ganz an die Wände.

E i n   H e r r. Der Überblick muß frei auf die ganze Bahn sein.

E i n   H e r r. Die Loge muß offen liegen.

E i n   H e r r. Ich gehe mit. *(Alle ab.)*

E i n   H e r r *(kommt, feuert einen Pistolenschuß. Ab.)*

Z w e i   H e r r e n *(kommen mit einem rotlackierten Megaphon).*

D e r   e i n e   H e r r. Wie hoch ist die Prämie?

D e r   a n d e r e H e r r. Achtzig Mark. Dem ersten fünfzig. Dem zweiten dreißig.

D e r   e i n e   H e r r. Drei Runden. Mehr nicht. Wir erschöpfen die Fahrer.

D e r   a n d e r e   H e r r *(spricht durch das Megaphon).* Eine Preisstiftung von achtzig Mark aus der Bar sofort auszufahren über drei Runden: dem ersten fünfzig Mark – dem zweiten dreißig Mark.

(Händeklatschen.)

Mehrere Herren *(kommen, einer mit einer roten Fahne).*
Ein Herr. Geben Sie den Start.
Ein Herr. Noch nicht, Nummer sieben wechselt die Mannschaft.
Ein Herr. Start.
Ein Herr *(senkt die rote Fahne).*

(Anwachsender Lärm. Dann Händeklatschen und Pfeifen.)

Ein Herr. Die Schwachen müsssen auch mal gewinnen.
Ein Herr. Es ist gut, daß die Großen sich zurückhalten.
Ein Herr. Die Nacht wird ihnen noch zu schaffen machen.
Ein Herr. Die Aufregung unter den Fahrern ist ungeheuer.
Ein Herr. Es läßt sich denken.
Ein Herr. Passen Sie auf, diese Nacht fällt die Entscheidung.
Ein Herr *(achselzuckend).* Die Amerikaner sind noch frisch.
Ein Herr. Unsere Deutschen werden ihnen schon auf den Zahn fühlen.
Ein Herr. Jedenfalls hätte sich dann der Besuch gelohnt.
Ein Herr *(durchs Glas).* Jetzt ist die Loge klar. *(Alle bis auf den Herrn mit dem Megaphon ab.)*

Ein Herr *(mit einem Zettel).* Das Resultat.
Der Herr *(durchs Megaphon).* Prämie aus der Bar: fünfzig Mark für Nummer elf, dreißig Mark für Nummer vier.

*(Musiktusch.
Pfeifen und Klatschen.
Die Brücke ist leer.*

*Ein Herr kommt mit Kassierer. Kassierer im Frack, Frack-
umhang, Zylinder, Glacés; Bart ist spitz zugestutzt; Haar
tief gescheitelt.)*

Kassierer. Erklären Sie mir den Sinn –
Der Herr. Ich stelle Sie vor.
Kassierer. Mein Name tut nichts zur Sache.
Der Herr. Sie haben ein Recht, daß ich Sie mit dem
     Präsidium bekannt mache.
Kassierer. Ich bleibe inkognito.
Der Herr. Sie sind ein Freund unsres Sports.
Kassierer. Ich verstehe nicht das mindeste davon.
     Was machen die Kerle da unten? Ich sehe einen Kreis
     und die bunte Schlangenlinie. Manchmal mischt sich
     ein anderer ein und ein anderer hört auf. Warum?
Der Herr. Die Fahrer liegen paarweise im Rennen.
     Während ein Partner fährt –
Kassierer. Schläft sich der andere Bengel aus?
Der Herr. Er wird massiert.
Kassierer. Und das nennen Sie Sechstagerennen?
Der Herr. Wieso?
Kassierer. Ebenso könnte es Sechstageschlafen heißen.
     Geschlafen wird ja fortwährend von einem Partner.

Ein Herr *(kommt).* Die Brücke ist nur für die Lei-
     tung des Rennens erlaubt.
Der erste Herr. Eine Stiftung von tausend Mark
     dieses Herrn.
Der andere Herr. Gestatten Sie mir, daß ich mich
     vorstelle.
Kassierer. Keineswegs.
Der erste Herr. Der Herr wünscht sein Inkognito
     zu wahren.
Kassierer. Undurchsichtig.
Der erste Herr. Ich habe Erklärungen gegeben.
Kassierer. Ja, finden Sie es nicht komisch?
Der zweite Herr. Inwiefern?
Kassierer. Dies Sechstageschlafen.
Der zweite Herr. Also tausend Mark über wieviel
     Runden?

K a s s i e r e r. Nach Belieben.
D e r z w e i t e H e r r. Wieviel dem ersten?
K a s s i e r e r. Nach Belieben.
D e r z w e i t e H e r r. Achthundert und zweihundert.
(Durch Megaphon.) Preisstiftung eines ungenannt bleiben wollenden Herrn über zehn Runden sofort auszufahren: dem ersten achthundert – dem zweiten zweihundert. Zusammen tausend Mark.

(Gewaltiger Lärm.)

D e r e r s t e H e r r. Dann sagen Sie mir, wenn die Veranstaltung für Sie nur Gegenstand der Ironie ist, weshalb machen Sie eine Preisstiftung in der Höhe von tausend Mark?
K a s s i e r e r. Weil die Wirkung fabelhaft ist.
D e r e r s t e H e r r. Auf das Tempo der Fahrer?
K a s s i e r e r. Unsinn.

E i n H e r r *(kommend)*. Sind Sie der Herr, der tausend Mark stiftet?
K a s s i e r e r. In Gold.
D e r H e r r. Das würde zu lange aufhalten.
K a s s i e r e r. Das Aufzählen? Sehen Sie zu. *(Er holt eine Rolle heraus, reißt sie auf, schüttet den Inhalt auf die Hand, prüft die leere Papierhülse, schleudert sie weg und zählt behende die klimpernden Goldstücke in seine Handhöhle.)* Außerdem erleichtere ich meine Taschen.
D e r H e r r. Mein Herr, Sie sind ein Fachmann in dieser Angelegenheit.
K a s s i e r e r. Ein Detail, mein Herr. *(Er übergibt den Betrag.)* Nehmen Sie an.
D e r H e r r. Dankend erhalten.
K a s s i e r e r. Nur ordnungsgemäß.

E i n H e r r *(kommend)*. Wo ist der Herr? Gestatten Sie –
K a s s i e r e r. Nichts.
E i n H e r r *(mit der roten Fahne)*. Den Start gebe ich.
E i n H e r r. Jetzt werden die Großen ins Zeug gehen.

Ein Herr. Die Flieger liegen sämtlich im Rennen.
Der Herr *(die Fahne schwingend).* Der Start. *(Er senkt die Fahne.)*

(Heulendes Getöse entsteht.)

Kassierer *(zwei Herren im Nacken packend und ihre Köpfe nach hinten biegend).* Jetzt will ich Ihnen die Antwort auf Ihre Frage geben. Hinaufgeschaut!
Ein Herr. Verfolgen Sie doch die wechselnden Phasen des Kampfes unten auf der Bahn.
Kassierer. Kindisch. Einer muß der erste werden, weil die andern schlechter fahren. – Oben entblößt sich der Zauber. In dreifach übereinandergelegten Ringen – vollgepropft mit Zuschauern – tobt Wirkung. Im ersten Rang – anscheinend das bessere Publikum tut sich noch Zwang an. Nur Blicke, aber weit – rund – stierend. Höher schon Leiber in Bewegung. Schon Ausrufe. Mittlerer Rang! – Ganz oben fallen die letzten Hüllen. Fanatisiertes Geschrei. Brüllende Nacktheit. Die Galerie der Leidenschaft! – Sehen Sie doch: Die Gruppe. Fünffach verschränkt. Fünf Köpfe auf einer Schulter. Um eine heulende Brust gespreizt fünf Armpaare. Einer ist der Kern. Er wird erdrückt – hinausgeschoben – da purzelt sein steifer Hut – im Dunst träge sinkend – zum mittleren Rang nieder. Einer Dame auf den Busen. Sie kapiert es nicht. Da ruht er köstlich. Köstlich. Sie wird den Hut nie bemerken, sie geht mit ihm zu Bett, zeitlebenslang trägt sie den steifen Hut auf ihrem Busen!
Der Herr. Der Belgier setzt zum Spurt an.
Kassierer. Der mittlere Rang kommt ins Heulen. Der Hut hat die Verbindung geschlossen. Die Dame hat ihn gegen die Brüstung zertrümmert. Ihr Busen entwickelt breite Schwielen. Schöne Dame, du mußt hier an die Brüstung und deine Büste brandmarken. Du mußt unweigerlich. Es ist sinnlos, sich zu sträuben. Mitten im Knäuel verkrallt wirst du an die Wand gepreßt und mußt hergeben, was du bist. Was du bist – ohne Winseln!

D e r   H e r r. Kennen Sie die Dame?

K a s s i e r e r. Sehen Sie jetzt: oben die fünf drängen ihren Kern über die Barriere – er schwebt frei – er stürzt – da – in den ersten Rang segelt er hinein. Wo ist er? Wo erstickt er? Ausgelöscht – spurlos vergraben. Interesselos. Ein Zuschauer – ein Zufallender – ein Zufall, nicht mehr unter Abertausenden!

E i n   H e r r. Der Deutsche rückt auf.

K a s s i e r e r. Der erste Rang rast. Der Kerl hat den Kontakt geschaffen. Die Beherrschung ist zum Teufel. Die Fräcke beben. Die Hemden reißen. Knöpfe prasseln in alle Richtungen. Bärte verschoben von zersprengten Lippen, Gebisse klappern. Oben und mitten und unten vermischt. Ein Heulen aus allen Ringen – unterschiedlos. Unterschiedlos. Das ist erreicht!

D e r   H e r r *(sich umwendend).* Der Deutsche hat's. Was sagen Sie nun?

K a s s i e r e r. Albernes Zeug.

(Furchtbarer Lärm. Händeklatschen.)

E i n   H e r r. Fabelhafter Spurt.

K a s s i e r e r. Fabelhafter Blödsinn.

E i n   H e r r. Wir stellen das Resultat im Büro fest. *(Alle ab.)*

K a s s i e r e r *(jenen Herrn festhaltend).* Haben Sie noch einen Zweifel?

D e r   H e r r. Die Deutschen machen das Rennen.

K a s s i e r e r. In zweiter Linie das, wenn Sie wollen. *(Hinaufweisend.)* Das ist es, das ist als Tatsache erdrückend. Das ist letzte Ballung des Tatsächlichen. Hier schwingt es sich zu seiner schwindelhaften Leistung auf. Vom ersten Rang bis in die Galerie Verschmelzung. Aus siedender Auflösung des einzelnen geballt der Kern: Leidenschaft! Beherrschungen – Unterschiede rinnen ab. Verkleidungen von Nacktheit gestreift: Leidenschaft! – Hier vorzustoßen ist Erlebnis. Türen – Tore verschweben zu Dunst. Posaunen schmettern und Mauern kieseln. Kein Widerstreben – keine

Keuschheit – keine Mütterlichkeit – keine Kindschaft:
Leidenschaft! Das ist es. Das ist es. Das lohnt. Das
lohnt den Griff – das bringt auf breitem Präsentier-
brett den Gewinn geschichtet!

Ein Herr *(kommend).* Die Sanitätskolonne funktio-
niert tadellos.
Kassierer. Ist der Kerl stürzend zermahlen?
Ein Herr. Zertreten.
Kassierer. Es geht nicht ohne Tote ab, wo andre
fiebernd leben.
Ein Herr *(durchs Megaphon).* Resultat der Preisstiftung des ungenannt bleiben wollenden Herrn: achthundert Mark gewonnen von Nummer zwei – zweihundert Mark von Nummer eins.

(Wahnsinniger Beifall. Tusch.)

Ein Herr. Die Mannschaften sind erschöpft.
Ein Herr. Das Tempo fällt zusehends ab.
Ein Herr. Wir müssen die Manager für Ruhe im
Felde sorgen lassen.
Kassierer. Eine neue Stiftung!
Ein Herr. Später, mein Herr.
Kassierer. Keine Unterbrechung in dieser Situation.
Ein Herr. Die Situation wird für die Fahrer gefährlich.
Kassierer. Ärgern Sie mich nicht mit den Bengels.
Das Publikum kocht in Erregungen. Das muß ausge-
nutzt werden. Der Brand soll eine nie erlebte Steige-
rung erfahren. Fünfzigtausend Mark.
Ein Herr. Wahrhaftig?
Ein Herr. Wieviel?
Kassierer. Ich setze alles dran.
Ein Herr. Das ist eine unerhörte Preisstiftung.
Kassierer. Unerhört soll die Wirkung sein. Alarmie-
ren Sie die Sanitätskolonnen in allen Ringen.
Ein Herr. Wir akzeptieren die Stiftung. Wir werden
sie bei besetzter Loge ausfahren lassen.
Ein Herr. Prachtvoll.
Ein Herr. Großartig.

Ein Herr. Durchaus lohnender Besuch.

Kassierer. Was heißt das! bei besetzter Loge?

Ein Herr. Wir beraten die Bedingungen im Büro. Dreißigtausend dem ersten, fünfzehntausend dem zweiten – fünftausend dem dritten.

Ein Herr. Das Feld wird in dieser Nacht gesprengt.

Ein Herr. Damit ist das Rennen so gut wie aus.

Ein Herr. Jedenfalls: bei besetzter Loge. *(Alle ab.)*

(Mädchen der Heilsarmee kommt.
Gelächter der Zuschauer. Pfiffe. Rufe.)

Mädchen *(anbietend).* Der Kriegsruf – zehn Pfennig, mein Herr.

Kassierer. Andermal.

Mädchen. Der Kriegsruf, mein Herr.

Kassierer. Was verhökern Sie da für ein Kümmelblättchen?

Mädchen. Der Kriegsruf, mein Herr.

Kassierer. Sie treten verspätet auf. Hier ist die Schlacht in vollem Betrieb.

Mädchen *(mit der Blechbüchse).* Zehn Pfennig, mein Herr.

Kassierer. Für zehn Pfennig wollen Sie Krieg entfachen?

Mädchen. Zehn Pfennig, mein Herr.

Kassierer. Ich bezahle hier Kriegskosten mit fünfzigtausend.

Mädchen. Zehn Pfennig.

Kassierer. Lumpiges Handgemenge. Ich subventioniere nur Höchstleistungen.

Mädchen. Zehn Pfennig.

Kassierer. Ich trage nur Gold bei mir.

Mädchen. Zehn Pfennig.

Kassierer. Gold –

Mädchen. Zehn –

Kassierer *(brüllt sie durchs Megaphon an).* Gold – Gold – Gold!

Mädchen *(ab).*

*(Wieherndes Gelächter der Zuschauer. Händeklatschen.
Viele Herren kommen.)*

E i n   H e r r. Wollen Sie selbst Ihre Stiftung bekannt-
geben?
K a s s i e r e r. Ich bleibe im undeutlichen Hintergrund.
(Er gibt ihm das Megaphon.) Jetzt sprechen Sie. Jetzt
teilen Sie die letzte Erschütterung aus.
E i n   H e r r *(durchs Megaphon)*. Eine neue Preisstiftung
desselben ungenannt bleiben wollenden Herrn. *(Bra-
vorufe.)* Gesamtsumme fünfzigtausend Mark. *(Betäu-
bendes Schreien.)* Fünftausend dem dritten. *(Schreien.)*
Fünfzehntausend Mark dem zweiten. *(Gesteigertes
Schreien.)* Dem ersten dreißigtausend Mark. *(Ekstase.)*
K a s s i e r e r *(beiseite stehend, kopfnickend)*. Das wird
es. Daher sträubt es sich empor. Das sind Erfüllungen.
Heulendes Wehen vom Frühlingsorkan. Wogender
Menschheitsstrom. Entkettet – frei. Vorhänge hoch –
Vorwände nieder. Menschheit. Freie Menschheit. Hoch
und tief – Mensch. Keine Ringe – keine Schichten –
keine Klassen. Ins Unendliche schweifende Entlassen-
heit aus Fron und Lohn in Leidenschaft. Rein nicht –
doch frei! – Das wird der Erlös für meine Keckheit.
(Er zieht das Bündel Scheine hervor.) Gern gegeben –
anstandslos beglichen!

*(Plötzlich lautlose Stille.
Nationalhymne. Die Herren haben die Seidenhüte ge-
zogen und stehen verneigt.)*

E i n   H e r r *(tritt zum Kassierer)*. Händigen Sie mir
den Betrag ein, um die Stiftung jetzt sofort ausfahren
zu lassen.
K a s s i e r e r. Was bedeutet das?
D e r   H e r r. Was, mein Herr?
K a s s i e r e r. Dieses jähe, unvermittelte Schweigen oben
und unten?
D e r   H e r r. Durchaus nicht unvermittelt: Seine Hoheit sind in die Loge getreten.

K a s s i e r e r. Seine Hoheit – in die Loge – –
D e r H e r r. Um so günstiger kommt uns Ihre bedeutende Stiftung.
K a s s i e r e r. Ich denke nicht daran, mein Geld zu ver-
geuden!
D e r H e r r. Was heißt das?
K a s s i e r e r. Daß es mir für die Fütterung von krum-
men Buckeln zu teuer ist!
D e r H e r r. Erklären Sie mir –
K a s s i e r e r. Dieser eben noch lodernde Brand aus-
getreten von einem Lackstiefel am Bein Seiner Hoheit.
Sind Sie toll, mich für so verrückt zu halten, daß ich
zehn Pfennig vor Hundeschnauzen werfe? Auch das
wäre noch zu viel. Ein Fußtritt gegen den einge-
klemmten Schweif, das ist die gebotene Stiftung!
D e r H e r r. Die Stiftung ist angekündigt. Seine Hoheit warten in der Loge. Das Publikum verharrt ehr-
fürchtig. Was soll das heißen?
K a s s i e r e r. Wenn Sie es denn nicht aus meinen Wor-
ten begreifen – dann werden Sie die nötige Einsicht
gewinnen, indem ich Ihnen mit einem Schlage ein ein-
wandfreies Bekenntnis meinerseits beibringe! (*Er treibt
ihm den Seidenhut auf die Schultern. Ab.*)

(*Noch Hymne. Schweigen. Verbeugtsein auf der Brücke.*)

Ballhaus. Sonderzimmer.
Noch dunkel.
Gedämpft: Orchester mit Tanzrhythmen.

K e l l n e r (*öffnet die Tür, dreht rotes Licht an*).
K a s s i e r e r (*Frack, Umhang, Schal, Bambusrohr mit
Goldknopf*).
K e l l n e r. Gefällig?
K a s s i e r e r. Ganz.
K e l l n e r (*nimmt Umhang in Empfang*).
K a s s i e r e r (*vorm Spiegel*).

K e l l n e r. Wieviel Gedecke belieben?

K a s s i e r e r. Vierundzwanzig. Ich erwarte meine Großmama, meine Mama, meine Frau und weitere Tanten. Ich feiere die Konfirmation meiner Tochter.

K e l l n e r *(staunend)*.

K a s s i e r e r *(zu ihm im Spiegel)*. Esel. Zwei! Oder wozu polstern Sie diese diskret illuminierten Kojen?

K e l l n e r. Welche Marke bevorzugen der Herr?

K a s s i e r e r. Gesalbter Kuppler. Das überlassen Sie mir, mein Bester, welche Blume ich mir auf dem Parkett pflücke, Knospe oder Rose – kurz oder schlank. Ich will Ihre unschätzbaren Dienste nicht übermäßig anspannen. Unschätzbar – oder führen Sie auch darüber feste Tarife?

K e l l n e r. Die Sektmarke des Herrn?

K a s s i e r e r *(räuspert)*. Grand Marnier.

K e l l n e r. Das ist Kognak nach dem Sekt.

K a s s i e r e r. Also – darin richte ich mich entgegenkommend nach Ihnen.

K e l l n e r. Zwei Flaschen Pommery. Dry?

K a s s i e r e r. Zwei, wie Sie sagten.

K e l l n e r. Extra dry?

K a s s i e r e r. Zwei decken den anfänglichen Bedarf. Oder für diskrete Bedienung drei Flaschen extra? Gewährt.

K e l l n e r *(mit der Karte)*. Das Souper?

K a s s i e r e r. Spitzen, Spitzen.

K e l l n e r. Œufs pochés Bergère? Poulet grillé? Steak de veau truffé? Parfait de foie gras en croûte? Salade cœur de laitue?

K a s s i e r e r. Spitzen – von Anfang bis zu Ende nur Spitzen.

K e l l n e r. Pardon?

K a s s i e r e r *(ihm auf die Nase tippend)*. Spitzen sind letzte Ballungen in allen Dingen. Also auch aus Ihren Kochtöpfen und Bratpfannen. Das Delikateste vom Delikaten. Das Menu der Menus. Zur Garnierung bedeutsamerer Vorgänge. Ihre Sache, mein Freund, ich bin nicht der Koch.

K e l l n e r *(stellt eine größere Karte auf den Tisch)*. In

zwanzig Minuten zu servieren. *(Er ordnet die Gläser
usw.)*

(Durch die Türspalte Köpfe mit seidenen Larven.)

K a s s i e r e r *(in den Spiegel mit dem Finger drohend).*
Wartet, Motten, ich werde euch gleich unter das Glüh-
licht halten. Wir werden uns über diesen Punkt aus-
einandersetzen, wenn wir beieinandersitzen. *(Er nickt.)*

(Die kichernden Masken ab.)

K e l l n e r *(hängt einen Karton: Reserviert! – an die
Tür. Ab.)*

K a s s i e r e r *(schiebt den Zylinder zurück, entnimmt
einem goldenen Etui Zigaretten, zündet an).* Auf in
den Kampf, Torero – – Was einem nicht alles auf die
Lippen kommt. Man ist ja geladen. Alles – einfach alles.
Torero – Carmen. Caruso. Den Schwindel irgendwo mal
gelesen – haften geblieben. Aufgestapelt. Ich könnte
in diesem Augenblick Aufklärungen geben über die
Verhandlungen mit der Bagdadbahn. Der Kronprinz
von Rumänien heiratet die zweite Zarentochter. Tat-
jana. Also los. Sie soll sich verheiraten. Vergnügtes
Himmelbett. Das Volk braucht Fürsten. Tat – Tat –
jana. *(Den Bambus wippend, ab.)*

K e l l n e r *(mit Flaschen und Kühler; entkorkt und
gießt ein. Ab.)*

K a s s i e r e r *(eine weibliche Maske – Harlekin in
gelbrotkariertem, von Fuß zu offener Brust knaben-
haft anliegendem Anzug – vor sich scheuchend herein).*
Motte!
M a s k e *(um den Tisch laufend).* Sekt! *(Sie gießt sich
beide Gläser Sekt in den Mund, fällt ins Sofa.)* Sekt!
K a s s i e r e r *(neu vollgießend).* Flüssiges Pulver. Lade
deinen scheckigen Leib.
M a s k e *(trinkt).* Sekt!

K a s s i e r e r. Batterien aufgefahren und Entladungen
vorbereitet.

M a s k e. Sekt!

K a s s i e r e r *(die Flaschen wegstellend)*. Leer. *(Er
kommt in die Polster zur Maske.)* Fertig zur Explosion.

M a s k e *(lehnt betrunken hintüber)*.

K a s s i e r e r *(rüttelt ihre schlaffen Arme)*. Munter, Motte.

M a s k e *(faul)*.

K a s s i e r e r. Aufgerappelt, bunter Falter. Du hast den
prickelnden gelben Honig geleckt. Entfalte Falterflü-
gel. Überfalle mich mit dir. Vergrabe mich, decke mich
zu. Ich habe mich in einigen Beziehungen mit den gesicherten Zuständen überworfen – überwirf mich mit dir.

M a s k e *(lallt)*. Sekt.

K a s s i e r e r. Nein, mein Paradiesvogel. Du hast deine
hinreichende Ladung. Du bist voll.

M a s k e. Sekt.

K a s s i e r e r. Keinen Spritzer. Du wirst sonst unklar.
Du bringst mich um schöne Möglichkeiten.

M a s k e. Sekt.

K a s s i e r e r. Oder hast du keine? Also – auf den
Grund gelotet; was hast du?

M a s k e. Sekt.

K a s s i e r e r. Den hast du allerdings. Das heißt: von
mir. Was habe ich von dir?

M a s k e *(schläft ein)*.

K a s s i e r e r. Willst du dich hier ausschlafen? Kleiner
Schäker. Zu dermaßen ausgedehnten Scherzen fehlt
mir diesmal die Zeit. *(Er steht auf, füllt ein Glas und
schüttet es ihr ins Gesicht.)* Frühmorgens, wenn die
Hähne krähn.

M a s k e *(springt auf)*. Schwein!

K a s s i e r e r. Aparter Name. Leider bin ich nicht in
der Lage, deine Vorstellung zu erwidern. Also, Maske
der weitverzweigten Rüsselfamilie, räume die Polster.

M a s k e. Das werde ich Sie eintränken.

K a s s i e r e r. Mehr als billig, nachdem ich dir hinrei-
chend eingetränkt.

M a s k e *(ab)*.

Kassierer *(trinkt Sekt; ab).*

Kellner *(kommt, bringt Kaviar; nimmt leere Flaschen mit).*

Kassierer *(kommt mit zwei schwarzen Masken).*
Erste Maske *(die Tür zuwerfend).* Reserviert.
Zweite Maske *(am Tisch).* Kaviar.
Erste Maske *(hinlaufend).* Kaviar.
Kassierer. Schwarz wie ihr. Eßt ihn auf. Stopft ihn euch in den Hals. *(Er sitzt zwischen beiden im Polster.)* Sagt Kaviar. Flötet Sekt. Auf euren eigenen Witz verzichte ich. *(Er gießt ein, füllt die Teller.)* Ihr sollt nicht zu Worte kommen. Mit keiner Silbe, mit keinem Juchzer. Stumm wie die Fische, die diesen schwarzen Kaviar über das Schwarze Meer laichten. Kichert, meckert, aber redet nicht. Es kommt nichts dabei aus euch heraus. Höchstens ihr aus euren Polstern. Ich habe schon einmal ausgeräumt.
Masken *(sehen sich kichernd an).*
Kassierer *(die erste packend).* Was hast du für Augen? Grüne – gelbe? *(Zur andern.)* Deine blau – rot? Reizendes Kugelspiel in den Schlitzen. Das verheißt. Das muß heraus. Ich setze einen Preis für die schönste!
Masken *(lachen).*
Kassierer *(zur ersten).* Du bist die schönere. Du wehrst dich mächtig. Warte, ich reiße dir den Vorhang herunter und schaue das Ereignis an!
Maske *(entzieht sich ihm).*
Kassierer *(zur andern).* Du hast dich zu verbergen? Du bist aus Scham überwältigend. Du hast dich in diesen Ballsaal verirrt. Du streifst auf Abenteuer. Du hast deinen Abenteurer gefunden, den du suchst. Von deinem Milch und Blut die Larve herunter!
Maske *(rückt von ihm weg).*
Kassierer. Ich bin am Ziel. Ich sitze zitternd – mein Blut ist erwühlt. Das wird es! – Und nun bezahlt. *(Er holt den Pack Scheine heraus und teilt ihn.)* Schöne Maske, weil du schön bist. Schöne Maske, weil

du schön bist. *(Er hält die Hände vor das Gesicht.)*
Eins – zwei – drei!
M a s k e n *(lüften ihre Larven).*
K a s s i e r e r *(blickt hin – lacht).* Deckt zu – deckt zu –
deckt zu! *(Er läuft um den Tisch.)* Scheusal – Scheu-
sal – Scheusal! Wollt ihr gleich – aber sofort – oder –
(Er schwingt seinen Bambus.)
E r s t e M a s k e. Wollen Sie uns –
Z w e i t e M a s k e. Sie wollen uns –
K a s s i e r e r. Euch will ich!
M a s k e n *(ab).*

K a s s i e r e r *(schüttelt sich, trinkt Sekt).* Kontrakte
Vetteln! *(Ab.)*

K e l l n e r *(mit neuen Flaschen. Ab.)*

K a s s i e r e r *(stößt die Tür auf: im Tanz mit einer
Pierrette, der der Rock bis auf die Schuhe reicht, her-
ein. Er läßt sie in der Mitte stehen und wirft sich in
die Polster).* Tanze!
M a s k e *(steht still).*
K a s s i e r e r. Tanze. Drehe deinen Wirbel. Tanze,
tanze. Witz gilt nicht. Hübschheit gilt nicht. Tanz ist
es, drehend – wirbelnd. Tanz. Tanz. Tanz!
M a s k e *(kommt an den Tisch).*
K a s s i e r e r *(abwehrend).* Keine Pause. Keine Unter-
brechung. Tanze.
M a s k e *(steht still).*
K a s s i e r e r. Warum springst du nicht? Weißt du, was
Derwische sind? Tanzmenschen. Menschen im Tanz –
ohne Tanz Leichen. Tod und Tanz – an den Ecken des
Lebens aufgerichtet. Dazwischen –

(Das Mädchen der Heilsarmee tritt ein.)

K a s s i e r e r. Halleluja.
M ä d c h e n. Der Kriegsruf.
K a s s i e r e r. Zehn Pfennig.
M ä d c h e n *(hält die Büchse hin).*

K a s s i e r e r. Wann denkst du, daß ich in deine Büchse springe?

M ä d c h e n. Der Kriegsruf.

K a s s i e r e r. Du erwartest es doch mit Bestimmtheit von mir?

M ä d c h e n. Zehn Pfennig.

K a s s i e r e r. Also wann?

M ä d c h e n. Zehn Pfennig.

K a s s i e r e r. Du hängst mir doch an den Frackschößen?

M ä d c h e n *(schüttelt die Büchse).*

K a s s i e r e r. Und ich schüttle dich wieder ab!

M ä d c h e n *(schüttelt).*

K a s s i e r e r. Also – *(Zur Maske.)* Tanze!

M ä d c h e n *(ab).*

M a s k e *(kommt in die Polster).*

K a s s i e r e r. Warum sitzt du in den Ecken des Saals und tanzt nicht in der Mitte? Du hast mich aufmerksam auf dich gemacht. Alle springen und du bleibst ruhig dabei. Warum trägst du Röcke, während alle anderen wie schlanke Knaben entkleidet sind?

M a s k e. Ich tanze nicht.

K a s s i e r e r. Du tanzt nicht wie die andern?

M a s k e. Ich kann nicht tanzen.

K a s s i e r e r. Nicht nach der Musik – taktmäßig. Das ist auch albern. Du weißt andere Tänze. Du verhüllst etwas unter deinen Kleidern – deine besonderen Sprünge, nicht in die Klammern von Takten und Schritten zu pressen. Eiligere Schwenkungen, die sind deine Spezialität. *(Alles vom Tisch auf den Teppich schiebend.)* Hier ist dein Tanzbrett. Spring auf. Im engen Bezirk dieser Tafel grenzenloser Tumult. Spring auf. Vom Teppich hüpf' auf. Mühelos. Von Spiralen gehoben, die in deinen Knöcheln federn. Spring. Stachle deine Fersen. Wölbe die Schenkel. Wehe deine Röcke auf über deinem Tanzbein.

M a s k e *(schmiegt sich im Polster an ihn).* Ich kann nicht tanzen.

K a s s i e r e r. Du peitschst meine Spannung. Du weißt

nicht, um was es geht. Du sollst es wissen. *(Er zeigt ihr die Scheine.)* Um alles!

M a s k e *(führt seine Hand an ihrem Bein herab)*. Ich kann nicht.

K a s s i e r e r *(springt auf)*. Ein Holzbein!! *(Er faßt den Sektkühler und stülpt ihn ihr über.)* Es soll Knospen treiben, ich begieße es!

M a s k e. Jetzt sollen Sie was erleben!

K a s s i e r e r. Ich will ja was erleben!

M a s k e. Warten Sie hier! *(Ab.)*

K a s s i e r e r *(legt einen Schein auf den Tisch, nimmt Umhang und Stock, beeilt ab).*

(Herren im Frack kommen.)

E i n H e r r. Wo ist der Kerl?

E i n H e r r. Den Kumpan wollen wir uns näher ansehen.

E i n H e r r. Uns erst die Mädchen ausspannen –

E i n H e r r. Mit Sekt und Kaviar auftrumpfen –

E i n H e r r. Hinterher beschimpfen –

E i n H e r r. Das Bürschchen werden wir uns kaufen –

E i n H e r r. Wo steckt er?

E i n H e r r. Abgeräumt!

E i n H e r r. Ausgebrannt!

E i n H e r r. Der Kavalier hat Lunte gerochen.

E i n H e r r *(den Schein entdeckend)*. Ein Tausender.

E i n H e r r. Donnerkeil.

E i n H e r r. Draht muß er haben.

E i n H e r r. Ist das die Zeche?

E i n H e r r. Ach was, durchgegangen ist er. Den Bräunling machen wir unsichtbar. *(Er steckt ihn ein.)*

E i n H e r r. Das ist die Entschädigung.

E i n H e r r. Die Mädchen hat er uns ausgespannt.

E i n H e r r. Laßt doch die Weiber sitzen.

E i n H e r r. Die sind ja doch besoffen.

E i n H e r r. Die bedrecken uns bloß unsere Fräcke.

E i n H e r r. Wir ziehen in ein Bordell und pachten den Bums drei Tage.

Mehrere Herren. Bravo. Los. Verduften wir. Achtung, der Kellner kommt.

Kellner *(mit vollbesetztem Servierbrett; vorm Tisch bestürzt).*
Ein Herr. Suchen Sie jemanden?
Ein Herr. Servieren Sie ihm doch unter dem Tisch weiter. *(Gelächter.)*
Kellner *(ausbrechend).* Der Sekt – das Souper – das reservierte Zimmer – nichts ist bezahlt. Vier Flaschen Pommery – zwei Portionen Kaviar – zwei Extramenus – ich muß für alles aufkommen. Ich habe Frau und Kinder. Ich bin seit vier Monaten ohne Stellung gewesen. Ich hatte mir eine schwache Lunge zugezogen. Sie können mich doch nicht unglücklich machen, meine Herren?
Ein Herr. Was geht uns denn Ihre Lunge an? Frau und Kinder haben wir alle. Was wollen Sie denn von uns? Sind wir Ihnen denn etwa durch die Lappen gebrannt? Was denn?
Ein Herr. Was ist denn das überhaupt für ein Lokal? Wo sind wir denn hier? Das ist ja eine hundsgemeine Zechprellerbude. In solche Gesellschaft locken Sie Gäste? Wir sind anständige Gäste, die bezahlen, was sie saufen. Wie? Oder wie?
Ein Herr *(der den Schlüssel in der Tür umgesteckt hatte).* Sehen Sie doch mal hinter sich. Da haben Sie unsere Zeche auch! *(Er versetzt dem Kellner, der sich umgewandt hatte, einen Stoß in den Rücken.)*
Kellner *(taumelt vornüber, fällt auf den Teppich).*
Herren *(ab).*

Kellner *(richtet sich auf, läuft zur Tür, findet sie verschlossen. Mit den Fäusten auf das Holz schlagend.)* Laßt mich heraus – ihr sollt nicht bezahlen – ich springe ins Wasser!

*Lokal der Heilsarmee – zur Tiefe gestreckt, abgefangen
von gelbem Vorhang mit aufgenähtem schwarzen Kreuz,
groß, um einen Menschen aufzunehmen. Auf dem Podium rechts Bußbank – links die Posaunen und Kesselpauken.*
Dicht besetzte Bankreihen.
*Über allem Kronleuchter mit Gewirr von Drähten für
elektrische Lampen.*
Vorn Saaltür.
*Musik der Posaunen und Kesselpauken. Aus einer Ecke
Händeklatschen und Gelächter.*

S o l d a t *(Mädchen – geht dahin und setzt sich zu dem
    Lärmmacher – einem Kommis – nimmt seine Hände
    und flüstert auf ihn ein).*
J e m a n d *(aus der andern Ecke).* Immer dicht an.
S o l d a t *(Mädchen – geht zu diesem, einem jugendli-
    chen Arbeiter).*
A r b e i t e r. Was wollen Sie denn?
S o l d a t *(sieht ihn kopfschüttelnd ernst an).*

(Gelächter.)

O f f i z i e r *(Frau – oben auftretend).* Ich habe euch
    eine Frage vorzulegen.

(Einige zischen zur Ruhe.)

A n d e r e *(belustigt).* Lauter reden. Nicht reden. Musik.
    Pauke. Posaunenengel.
E i n e r. Anfangen.
A n d e r e r. Aufhören.
O f f i z i e r. Warum sitzt ihr auf den Bänken unten?
E i n e r. Warum nicht?
O f f i z i e r. Ihr füllt sie bis auf den letzten Platz. Einer
    stößt gegen den andern. Trotzdem ist eine Bank leer.
E i n e r. Nichts zu machen.
O f f i z i e r. Warum bleibt ihr unten, wo ihr euch drän-
    gen und drücken müßt? Ist es nicht widerwärtig, so
    im Gedränge zu sitzen? Wer kennt seinen Nachbar?
    Ihr reibt die Knie an ihm – und vielleicht ist jener

krank. Ihr seht in sein Gesicht – und vielleicht wohnen hinter seiner Stirn mörderische Gedanken. Ich
weiß es, es sind viele Kranke und Verbrecher in diesem Saal. Kranke und Verbrecher kommen herein und
sitzen neben allen. Darum warne ich euch! Hütet euch
vor eurem Nachbar in den Bänken. Die Bänke da unten tragen Kranke und Verbrecher!

E i n e r. Meinen Sie mir oder mich?

O f f i z i e r. Ich weiß es und rate euch: trennt euch von
eurem Nachbar, so lautet die Mahnung. Krankheit
und Verbrechen sind allgemein in dieser asphaltenen
Stadt. Wer von euch ist ohne Aussatz? Eure Haut
kann weiß und glatt sein, aber eure Blicke verkünden
euch. Ihr habt die Augen nicht, um zu sehen – eure
Augen sind offen, euch zu verraten. Ihr verratet euch
selbst. Ihr seid schon nicht mehr frei von der großen
Seuche. Die Ansteckung ist stark. Ihr habt zu lange
in schlimmer Nachbarschaft gesessen. Darum, wenn ihr
nicht sein wollt wie euer Nachbar in dieser asphaltenen Stadt, tretet aus den Bänken. Es ist die letzte
Mahnung. Tut Buße. Tut Buße. Kommt herauf, kommt
auf die Bußbank. Kommt auf die Bußbank. Kommt
auf die Bußbank!

(Die Posaunen und Kesselpauken setzen ein.)

M ä d c h e n *(führt Kassierer herein).*

K a s s i e r e r *(im Ballanzug erregt einige Aufmerksam-
keit).*

M ä d c h e n *(weist Kassierer Platz an, setzt sich zu ihm
und gibt ihm Erklärungen).*

K a s s i e r e r *(sieht sich amüsiert um).*

*(Musik hört auf.
Spöttisches lautes Bravoklatschen.)*

O f f i z i e r *(wieder oben auftretend).* Laßt euch von
unserm Kameraden erzählen, wie er den Weg zur
Bußbank fand.

S o l d a t *(jüngerer Mann – tritt auf).*

E i n e r. So siehst du aus.

(Gelächter.)

S o l d a t. Ich will euch berichten von meiner Sünde. Ich
führte ein Leben, ohne an meine Seele zu denken. Ich
dachte nur an den Leib. Ich stellte ihn gleichsam vor
die Seele auf und machte den Leib immer stärker und
breiter davor. Die Seele war ganz verdeckt dahinter.
Ich suchte mit meinem Leib den Ruhm und wußte
nicht, daß ich nur den Schatten höher reckte, in dem
die Seele verdorrte. Meine Sünde war der Sport. Ich
übte ihn ohne eine Stunde der Besinnung. Ich war
eitel auf die Schnelligkeit meiner Füße in den Pedalen,
auf die Kraft meiner Arme an der Lenkstange. Ich
vergaß alles, wenn die Zuschauer um mich jubelten. Ich
verdoppelte meine Anstrengung und wurde in allen
Kämpfen, die mit dem Leib geführt werden, erster
Sieger. Mein Name prangte an allen Plakaten, auf
Bretterzäunen, auf Millionen bunter Zettel. Ich wurde
Weltchampion. Endlich mahnte mich meine Seele. Sie
verlor die Geduld. Bei einem Wettkampf stürzte ich.
Ich verletzte mich nur leicht. Die Seele wollte mir
Zeit zur Umkehr lassen. Die Seele ließ mir noch Kraft
zu einem Ausweg. Ich ging von den Bänken im Saal
herauf zur Bußbank. Da hatte meine Seele Ruhe, zu
mir zu sprechen. Und was sie mir erzählt, das kann ich
hier nicht berichten. Es ist zu wunderschön und meine
Worte sind zu schwach, das zu schildern. Ihr müßt
selbst heraufkommen und es in euch hören. *(Er tritt
beiseite.)*

E i n e r *(lacht unflätig)*.

M e h r e r e *(zischen zur Ruhe)*.

M ä d c h e n *(leise zum Kassierer)*. Hörst du ihn?

K a s s i e r e r. Stören Sie mich nicht.

O f f i z i e r. Ihr habt die Erzählung unseres Kameraden
gehört. Klingt sie nicht verlockend? Kann man etwas
Schöneres gewinnen als seine Seele? Und es geht ganz
leicht, denn sie ist ja in euch. Ihr müßt ihr nur einmal
Ruhe gönnen. Sie will einmal still bei euch sitzen. Auf

dieser Bank sitzt sie am liebsten. Es ist gewiß einer
unter euch, der sündigte, wie unser Kamerad getan.
Dem will unser Kamerad helfen. Dem hat er den Weg
eröffnet. Nun komm. Komm zur Bußbank. Komm zur
Bußbank. Komm zur Bußbank!

(Es herrscht Stille.)

E i n e r *(kräftiger, junger Mann, einen Arm im Verband,
steht in einer Saalecke auf, durchquert verlegen lä-
chelnd den Saal und ersteigt das Podium).*
E i n e r *(unflätige Zote).*
A n d e r e r *(entrüstet).* Wer ist der Flegel?
D e r R u f e r *(steht auf, strebt beschämt zur Tür).*
E i n e r. Das ist der Lümmel.
S o l d a t *(Mädchen – eilt zu ihm und führt ihn auf seinen Platz zurück).*
E i n e r. Nicht so zart anfassen.
M e h r e r e. Bravo!
J e n e r *(auf dem Podium, anfangs unbeholfen).* Die
asphaltene Stadt hat eine Halle errichtet. In der
Sporthalle bin ich gefahren. Ich bin Radfahrer. Ich
fahre das Sechstagerennen mit. In der zweiten Nacht
bin ich von einem andern Fahrer angefahren. Ich
brach den Arm. Ich mußte ausscheiden. Das Rennen
rast weiter – ich habe Ruhe. Ich kann mich auf alles
in Ruhe besinnen. Ich habe mein Leben lang ohne Besinnen gefahren. Ich will mich auf alles besinnen – auf
alles. *(Stark.)* Auf meine Sünden will ich mich auf der
Bußbank besinnen! *(Vom Soldat hingeführt, sinkt er
auf die Bank. Soldat bleibt eng neben ihm.)*
O f f i z i e r. Eine Seele ist gewonnen.

(Posaunen und Pauken schallen.
*Auch die im Saale verteilten Soldaten haben sich erho-
ben und jubeln, die Arme ausbreitend.*
Musik hört auf.)

M ä d c h e n *(zum Kassierer).* Siehst du ihn?
K a s s i e r e r. Das Sechstagerennen.

M ä d c h e n. Was flüsterst du?
K a s s i e r e r. Meine Sache. Meine Sache.
M ä d c h e n. Bist du bereit?
K a s s i e r e r. Schweigen Sie doch.
O f f i z i e r *(auftretend)*. Jetzt will euch dieser Kamerad berichten.
E i n e r *(zischt)*.
V i e l e. Ruhe!
S o l d a t *(Mädchen – auftretend)*. Wessen Sünde ist meine Sünde? Ich will euch von mir ohne Scham erzählen. Ich hatte ein Elternhaus, in dem es wüst und gemein zuging. Der Mann – er war mein Vater nicht – trank. Meine Mutter gab sich feinen Herren hin. Ich erhielt von meiner Mutter Geld, soviel ich haben wollte. Von dem Mann Schläge, soviel ich nicht haben wollte. *(Gelächter.)* Niemand paßte mir auf und ich mir am wenigsten. So wurde ich eine Verlorene. Denn ich wußte damals nicht, daß die wüsten Zustände zu Hause nur dazu bestimmt waren, daß ich besser auf meine Seele achten sollte und mich ganz ihr widmen. Ich erfuhr es in einer Nacht. Ich hatte einen Herrn bei mir und er verlangte, daß wir mein Zimmer dunkel machten. Ich drehte das Licht aus, obwohl ich es nicht so gewöhnt war. Später, als wir zusammen waren, verstand ich seine Forderung. Denn ich fühlte nur den Rumpf eines Mannes bei mir, an dem die Beine abgeschnitten waren. Das sollte ich vorher nicht sehen. Er hatte Holzbeine, die er sich heimlich abgeschnallt hatte. Da faßte mich das Entsetzen und ließ mich nicht wieder los. Meinen Leib haßte ich – nur meine Seele konnte ich noch lieben. Nun liebe ich nur noch meine Seele. Sie ist so vollkommen, daß sie das Schönste ist, was ich weiß. Ich weiß zuviel von ihr, daß ich es nicht alles sagen kann. Wenn ihr eure Seele fragt, da wird sie euch alles – alles sagen. *(Sie tritt beiseite.)*

(Stille im Saal.)

O f f i z i e r *(auftretend)*. Ihr habt die Erzählung dieses Kameraden gehört. Seine Seele bot sich ihm an. Er wies sie nicht ab. Nun erzählt er von ihr mit frohem Munde. Bietet sich nicht einem zwischen euch jetzt seine Seele? Laß sie doch zu dir. Laß sie reden und erzählen, auf dieser Bank ist sie ungestört. Komm zur Bußbank. Komm zur Bußbank!

(In den Bänken Bewegung, man sieht sich um.)

K o k o t t e *(ältlich, ganz vorne, beginnt noch unten in den Saal zu reden).* Was denken Sie von mir, meine Herren und Damen? Ich bin hier nur untergetreten, weil ich mich auf der Straße müde gelaufen hatte. Ich geniere mich gar nicht. Ich kenne dies Lokal gar nicht. Ich bin das erstemal hier. Ich bin rein per Zufall anwesend. *(Nun oben.)* Aber Sie irren sich darin, meine Herren und Damen, wenn Sie glauben sollten, daß ich mir das ein zweites Mal hätte sagen lassen sollen. Ich danke für diese Zumutung. Wenn Sie mich hier sehen – bitte – Sie können mich von oben bis unten betrachten, wie es Ihnen beliebt – mustern Sie mich bitte mit Ihren Blicken eingehend, ich vergebe mir damit nicht das geringste. Ich geniere mich gar nicht. Sie werden diesen Anblick nicht das zweitemal in dieser Weise genießen können. Sie werden sich bitter täuschen, wenn Sie glauben, mir auch meine Seele abkaufen zu können. Die habe ich noch niemals verkauft. Man hätte mir viel bieten können, aber meine Seele war mir denn doch nicht feil. Ich danke Ihnen, meine verehrten Herrschaften, für alle Komplimente. Sie werden mich auf der Straße nicht mehr treffen. Ich habe nicht eine Minute frei für Sie, meine Seele läßt mir keine Ruhe mehr. Ich danke bestens, meine Herrschaften, ich geniere mich gar nicht, aber nein. *(Sie hat den Hut heruntergenommen. Jener Soldat geleitet sie zur Bußbank.)*

O f f i z i e r. Eine Seele ist gewonnen!

(Pauken und Posaunen. Jubel der Soldaten.)

M ä d c h e n *(zum Kassierer).* Hörst du alles?

K a s s i e r e r. Meine Sache. Meine Sache.

M ä d c h e n. Was summst du vor dich hin?

K a s s i e r e r. Das Holzbein.

M ä d c h e n. Bist du bereit?

K a s s i e r e r. Noch nicht. Noch nicht.

E i n e r *(in Saalmitte stehend)*. Was ist meine Sünde? Ich will meine Sünde hören.

O f f i z i e r *(auftretend)*. Unser Kamerad will euch erzählen.

E i n i g e *(erregt)*. Hinsetzen. Stille. Erzählen.

S o l d a t *(älterer Mann)*. Laßt euch von mir berichten. Es ist eine alltägliche Geschichte, weiter nichts. Darum wurde sie meine Sünde. Ich hatte eine gemütliche Wohnung, eine zutrauliche Familie, eine bequeme Beschäftigung – es ging immer alltäglich bei mir zu. Wenn ich abends zwischen den Meinen am Tisch unter der Lampe saß und meine Pfeife schmauchte, dann war ich zufrieden. Ich wünschte niemals eine Veränderung in meinem Leben. Dennoch kam sie. Den Anstoß dazu weiß ich nicht mehr – oder ich wußte ihn nie. Die Seele tut sich auch ohne besondere Erschütterung kund. Sie kam ihre Stunde und benutzt sie. Ich konnte jedenfalls nicht ihre Mahnung überhören. Meine Trägheit wehrte sich im Anbeginn wohl gegen sie, aber sie war mächtiger. Das fühlte ich mehr und mehr. Die Seele allein konnte mir dauernde Zufriedenheit schaffen. Und auf Zufriedenheit war ich ja mein Lebtag bedacht. Jetzt finde ich sie nicht mehr am Tisch mit der Lampe und mit der langen Pfeife im Munde, sondern allein auf der Bußbank. Das ist meine ganz alltägliche Geschichte. *(Er tritt beiseite.)*

O f f i z i e r *(auftretend)*. Unser Kamerad hat euch – –

E i n e r *(schon kommend)*. Meine Sünde! *(Oben.)* Ich bin Familienvater. Ich habe zwei Töchter. Ich habe meine Frau. Ich habe meine Mutter noch. Wir wohnen alle in drei Stuben. Es ist ganz gemütlich bei uns. Meine Töchter – eine spielt Klavier – eine stickt. Meine Frau kocht. Meine Mutter begießt die Blumentöpfe hinterm Fenster. Es ist urgemütlich bei uns. Es ist die Gemütlichkeit selbst. Es ist herrlich bei uns – großartig – vorbildlich – praktisch – musterhaft – – *(Verändert.)* Es ist ekelhaft – entsetzlich – es stinkt da – es ist armselig – vollkommen durch und durch armselig mit dem Klavierspielen – mit dem Sticken – mit dem Kochen – mit dem Blumenbegießen – *(Ausbrechend.)* Ich habe eine Seele! Ich habe eine Seele! Ich habe eine Seele. Ich habe eine Seele! *(Er taumelt zur Bußbank.)*

O f f i z i e r. Eine Seele ist gewonnen!

(Posaunen und Pauken.
Hoher Tumult im Saal.)

V i e l e *(nach den Posaunen und Pauken aufrecht, auch auf den Bänken aufrecht).* Was ist meine Sünde? Was ist meine Sünde? Ich will meine Sünde wissen! Ich will meine Sünde wissen!

O f f i z i e r *(auftretend).* Unser Kamerad will euch erzählen.

(Tiefe Stille.)

M ä d c h e n. Siehst du ihn?

K a s s i e r e r. Meine Töchter. Meine Frau. Meine Mutter.

M ä d c h e n. Was murmelst und flüsterst du immer?

K a s s i e r e r. Meine Sache. Meine Sache. Meine Sache.

M ä d c h e n. Bist du bereit?

K a s s i e r e r. Noch nicht. Noch nicht. Noch nicht.

S o l d a t *(in mittleren Jahren, auftretend).* Meiner Seele war es nicht leicht gemacht, zu triumphieren. Sie mußte mich hart anfassen und rütteln. Schließlich gebrauchte sie das schwerste Mittel. Sie schickte mich ins Gefängnis. Ich hatte in die Kasse, die mir anvertraut war, gegriffen und einen großen Betrag defraudiert. Ich wurde abgefaßt und verurteilt. Da hatte ich in der Zelle Rast. Das hatte die Seele abgewartet. Und nun konnte sie endlich frei zu mir sprechen. Ich mußte ihr zuhören. Es wurde die schönste Zeit meines Lebens in der einsamen Zelle. Und als ich herauskam, wollte ich nur noch mit meiner Seele verkehren. Ich suchte nach einem stillen Platz für sie. Ich fand ihn auf der Bußbank und finde ihn täglich, wenn ich eine schöne Stunde genießen will! *(Er tritt beiseite.)*

O f f i z i e r *(auftretend)*. Unser Kamerad hat euch von seinen schönen Stunden auf der Bußbank erzählt. Wer ist zwischen euch, der sich aus dieser Sünde heraussehnt? Wessen Sünde ist diese, von der er sich in Fröhlichkeit hier ausruht? Hier ist Ruhe für ihn. Komm zur Bußbank!

A l l e *(im Saal schreiend und winkend)*. Das ist niemandes Sünde hier! Das ist niemandes Sünde hier! Ich will meine Sünde hören!! Meine Sünde!! Meine Sünde!! Meine Sünde!!

M ä d c h e n *(durchdringend)*. Was rufst du?

K a s s i e r e r. Die Kasse.

M ä d c h e n *(ganz drängend)*. Bist du bereit?

K a s s i e r e r. Jetzt bin ich bereit!

M ä d c h e n *(sich an ihn hängend)*. Ich führe dich hin. Ich stehe dir bei. Ich stehe immer bei dir. *(Ekstatisch in den Saal.)* Eine Seele will laut werden. Ich habe diese Seele gesucht. Ich habe diese Seele gesucht.

(Lärm ebbt. Ruhe surrt.)

K a s s i e r e r *(oben, Mädchen an ihm)*. Ich bin seit diesem Vormittag auf der Suche. Ich hatte Anstoß bekommen, auf die Suche zu gehen. Es war ein allgemeiner Aufbruch ohne mögliche Rückkehr – Abbruch aller Brücken. So war ich auf dem Marsche seit dem Vormittag. Ich will euch mit den Stationen nicht aufhalten, an denen ich mich nicht aufhielt. Sie lohnten alle meinen entscheidenden Aufbruch nicht. Ich marschierte rüstig weiter – prüfenden Blicks, tastender Finger, wählenden Kopfs. Ich ging an allem vorüber. Station hinter Station versank hinter meinem wandernden Rücken. Dies war es nicht, das war es nicht, das nächste nicht, das vierte – fünfte nicht! Was ist es? Was ist es nun, das diesen vollen Einsatz lohnt? – – Dieser Saal! Von Klängen durchbraust – von Bänken bestellt. Dieser Saal! Von diesen Bänken steigt es auf –

dröhnt Erfüllung. Von Schlacken befreit lobt sich
meine Seele hoch hinauf – ausgeschmolzen aus diesen
glühenden zwei Tiegeln: Bekenntnis und Buße! Da
steht es wie ein glänzender Turm – fest und hell: Bekenntnis und Buße! Ihr schreit sie, euch will ich meine
Geschichte erzählen.

M ä d c h e n. Sprich. Ich stehe bei dir. Ich stehe immer
bei dir!

K a s s i e r e r. Ich bin seit diesem Morgen unterwegs.
Ich bekenne: ich habe mich an der Kasse vergriffen,
die mir anvertraut war. Ich bin Bankkassierer. Eine
große runde Summe: sechzigtausend! Ich flüchtete
damit in die asphaltene Stadt. Jetzt werde ich jedenfalls verfolgt – eine Belohnung ist wohl auf meine
Festnahme gesetzt. Ich verberge mich nicht mehr, ich
bekenne. Mit keinem Geld aus allen Bankkassen der
Welt kann man sich irgendwas von Wert kaufen. Man
kauft immer weniger, als man bezahlt. Und je mehr
man bezahlt, um so geringer wird die Ware. Das Geld
verschlechtert den Wert. Das Geld verhüllt das Echte –
das Geld ist der armseligste Schwindel unter allem
Betrug! *(Er holt es aus den Fracktaschen.)* Dieser Saal
ist der brennende Ofen, den eure Verachtung für alles
Armselige heizt. Euch werfe ich es hin, ihr zerstampft
es im Augenblick unter euren Sohlen. Da ist etwas von
dem Schwindel aus der Welt geschafft. Ich gehe durch
eure Bänke und stelle mich dem nächsten Schutzmann:
ich suche nach dem Bekenntnis die Buße. So wird es
vollkommen! *(Er schleudert aus Glacéhänden Scheine
und Geldstücke in den Saal.)*

*(Die Scheine flattern noch auf die Verdutzten im Saal
nieder, die Stücke rollen unter sie. Dann ist heißer
Kampf um das Geld entbrannt. In ein kämpfendes
Knäuel ist die Versammlung verstrickt. Vom Podium
stürzen die Soldaten von ihren Musikinstrumenten in
den Saal. Die Bänke werden umgestoßen, heisere Rufe
schwirren, Fäuste klatschen auf Leiber. Schließlich wälzt
sich der verkrampfte Haufen zur Tür und rollt hinaus.)*

M ä d c h e n *(das am Kampfe nicht mit teilgenommen hatte, steht allein inmitten der umgeworfenen Bänke).*
K a s s i e r e r *(sieht lächelnd das Mädchen an).* Du stehst bei mir – du stehst immer bei mir! *(Er bemerkt die verlassenen Pauken, nimmt zwei Schlägel.)* Weiter. *(Kurzer Wirbel.)* Von Station zu Station. *(Einzelne Paukenschläge nach Satzgruppen.)* Menschenscharen dahinten. Gewimmel verronnen. Ausgebreitete Leere. Raum geschaffen. Raum. Raum! *(Wirbel.)* Ein Mädchen steht da. Aus verlaufenen Fluten – aufrecht – verharrend! *(Wirbel.)* Mädchen und Mann. Uralte Gärten aufgeschlossen. Entwölkter Himmel. Stimme aus Baumwipfelstille. Wohlgefallen. *(Wirbel.)* Mädchen und Mann – ewige Beständigkeit. Mädchen und Mann – Fülle im Leeren. Mädchen und Mann – vollendeter Anfang. Mädchen und Mann – Keim und Krone. Mädchen und Mann – Sinn und Ziel und Zweck. *(Paukenschlag nach Paukenschlag, nun beschließt ein endloser Wirbel.)*
M ä d c h e n *(zieht sich nach der Tür zurück, verschwindet).*

K a s s i e r e r *(verklingender Wirbel).*

M ä d c h e n *(reißt die Tür auf. Zum Schutzmann, nach Kassierer weisend).* Da ist er. Ich habe ihn Ihnen gezeigt. Ich habe die Belohnung verdient!
K a s s i e r e r *(aus erhobenen Händen die Schlägel fallen lassend).* Hier stehe ich. Oben stehe ich. Zwei sind zuviel. Der Raum faßt nur einen. Einsamkeit ist Raum. Raum ist Einsamkeit. Kälte ist Sonne. Sonne ist Kälte. Fiebernd blutet der Leib. Fiebernd friert der Leib. Felder öde. Eis im Wachsen. Wer entrinnt? Wo ist der Ausgang?
S c h u t z m a n n. Hat der Saal andere Türen?
M ä d c h e n. Nein.
K a s s i e r e r *(wühlt in seiner Tasche).*
S c h u t z m a n n. Er faßt in die Tasche. Drehen Sie das Licht aus. Wir bieten ihm ein Ziel.
M ä d c h e n *(tut es).*

(Bis auf eine Lampe verlöscht der Kronleuchter. Die Lampe beleuchtet nun die hellen Drähte der Krone derart, daß sie ein menschliches Gerippe zu bilden scheinen.)

K a s s i e r e r *(linke Hand in der Brusttasche vergrabend, mit der rechten eine Posaune ergreifend und gegen den Kronleuchter blasend).* Entdeckt! *(Posaunenstoß.)* In schneelastenden Zweigen verlacht – jetzt im Drahtgewirr des Kronleuchters bewillkommt! *(Posaunenstöße.)* Ich melde dir meine Ankunft! *(Posaunenstoß.)* Ich habe den Weg hinter mir. In steilen Kurven steigend keuche ich herauf. Ich habe meine Kräfte gebraucht. Ich habe mich nicht geschont! *(Posaunenstoß.)* Ich habe es mir schwer gemacht und hätte es so leicht haben können – oben im Schneebaum, als wir auf e i n e m Ast saßen. Du hättest mir ein wenig dringlicher zureden sollen. Ein Fünkchen Erleuchtung hätte mir geholfen und mir die Strapazen erspart. Es gehört ja so lächerlich wenig Verstand dazu! *(Posaunenstoß.)* Warum stieg ich nieder? Warum lief ich den Weg? Wohin laufe ich noch? *(Posaunenstöße.)* Zuerst sitzt er da – knochennackt! Zuletzt sitzt er da – knochennackt! Von morgens bis mitternachts rase ich im Kreise – nun zeigt sein fingerhergewinktes Zeichen den Ausweg – – – wohin?!! *(Er zerschießt die Antwort in seine Hemdbrust. Die Posaune stirbt mit dünner werdendem Ton an seinem Mund hin.)*

S c h u t z m a n n. Drehen Sie das Licht wieder an.

M ä d c h e n *(tut es. Im selben Augenblick explodieren knallend alle Lampen.)*

K a s s i e r e r *(ist mit ausgebreiteten Armen gegen das aufgenähte Kreuz des Vorhangs gesunken. Sein Ächzen hüstelt wie eine Ecce – sein Hauchen surrt wie ein Homo.)*

S c h u t z m a n n. Es ist ein Kurzschluß in der Leitung.

(Es ist ganz dunkel.)

NACHWORT

„Jedes Dichtwerk verrichtet eine vernichtende Niederlage der Geborgenen." Dieser Satz klingt wie aus dem Munde eines Existentialisten. Doch er entstammt der Feder Georg Kaisers, des bedeutenden Repräsentanten der expressionistischen Dramatik. Es wurde zu Recht gesagt, daß ohne Georg Kaiser das moderne Drama nicht denkbar sei. Bertolt Brecht war ehrlich genug, sich als sein Schüler zu bekennen. Wer den kritischen Blick wagt, entdeckt perspektivische Linien, die von der Kaiserschen Dramatik bis zu John Osborne, Samuel Beckett, Jean Anouilh, Friedrich Dürrenmatt und Max Frisch führen.

Georg Kaiser war nicht nur, wie Bernhard Diebold es einmal formulierte, „die Sphinx unter den modernen Dramatikern", sondern auch ein Ulysses der ersten Hälfte dieses Jahrhunderts, beladen mit einem großen Schicksal und voller Unruhe des Intellekts. In Magdeburg am 25. November 1878 geboren, als fünfter von sechs Söhnen eines tüchtigen Kaufmanns, verließ er, schon als Knabe revoltierend, mit Secunda-Reife das Gymnasium, wurde Kaufmannslehrling, schrieb mit siebzehn Jahren seinen ersten dramatischen Versuch, den Einakter *Schellenkönig*, entfloh 1898 dem Familiennest als Schiffsjunge auf einem Frachtdampfer nach Übersee, arbeitete als Angestellter eines AEG-Büros in Buenos Aires und kehrte nach Ritten durch die Pampas malariakrank über Spanien und Italien nach Deutschland zurück. Auf der Überfahrt notierte er Gespräche mit Negern, die er leider zerriß. Wieder in Magdeburg, brach nach Jahren der Lethargie und der Krankheit der Dichter in ihm durch. Seine Brüder halfen ihm finanziell. Er schrieb Drama um Drama. Doch erst dem Achtunddreißigjährigen gelang in Frankfurt a. M. mit der Uraufführung (29. Januar 1917) des bereits klassisch gewordenen

Schauspiels *Die Bürger von Calais* der Eintritt in die Welt der Bühne. Gustav Landauer und Arthur Hellmer haben sich darum verdient gemacht.

Damals lagen bereits mehr als zwei Dutzend Dramen im Schreibtisch des jungen Mannes, darunter das Stück *Von morgens bis mitternachts*, das drei Monate später, am 28. April 1917, in den Münchener „Kammerspielen" uraufgeführt wurde. Die in Berlin geplante Uraufführung hatte der Wilhelminische Zensor verhindert, obwohl dieses Exempel einer dramatischen Revue gerade in den Berliner Großstadtwirbel hineinprojiziert ist. Otto Zoff und Gerhart Hauptmann konnten für das szenische Projekt in München Otto Falckenberg gewinnen, der später noch manches Drama Georg Kaisers aus der Bühnen-Taufe hob. Ein Jahr vor dem Schauspiel *Die Bürger von Calais* entstanden, hat das Stück *Von morgens bis mitternachts* mehr Übersetzungen erlangt als jenes, so u. a. ins Französische, Englische, Spanische, Tschechische und Polnische. Nach dem Zweiten Weltkrieg griff es Paris noch vor den deutschen Bühnen wieder auf. Zusammen mit dem über ein Jahr später (28. November 1918) in Frankfurt a. M. uraufgeführten Drama *Gas*, das sehr bald in Tokio, Moskau, London und New York, in Rom, Wien, Madrid und Prag Erfolg um Erfolg erntete, machte es Georg Kaiser zum Teilhaber der Weltliteratur.

Mit 41 Uraufführungen allein in 20 Jahren gelang es Georg Kaiser, die Bühnenkarriere selbst eines Gerhart Hauptmann zu überrunden. Ein gutes Drittel dieser Uraufführungen fand in Berlin statt, vor dessen Toren, in Grünheide, Georg Kaiser nach Weimar, Seeheim, München und Tutzing Wohnung genommen hatte. Zu den Regisseuren zählten u. a. Victor Barnowsky, Max Reinhardt und Jürgen Fehling. Berliner Uraufführungen erlebten 1917 *Die Sorina* im Lessing-Theater, 1918 *Der Brand im Opernhaus* im Königlichen Schauspielhaus, 1919 *Hölle Weg Erde* wieder im Lessing-Theater, 1922 *Kanzlist Krehler* in den Kammerspielen des Deutschen Theaters, 1923 *Nebeneinander* im Lustspielhaus Die Truppe mit Szenenbildern von George Grosz, 1924 *Kolportage* abermals im Lessing-Theater, 1925 *Margarine* im Komödien-

haus mit Käte Haack und Ralph Arthur Roberts, 1929
Zwei Krawatten im Berliner Theater mit Marlene Dietrich und Hans Albers und 1931 *König Hahnrei* im
Staatlichen Schauspielhaus mit Hilde Körber und Heinrich George, eine Inszenierung, über deren Stil sich Alfred Kerr nicht beruhigen konnte.

Damit aber waren die glänzenden zwanziger Jahre bereits überschritten. Die faschistische Diktatur, deren wirk-
liches Gesicht Georg Kaiser in *Die Lederköpfe* (1927/28)
seherisch erkannt und plakatiert hatte, wurde bittere
Tatsache. Die Aufführung des Wintermärchens *Der Sil-
bersee* mußte vom Berliner Spielplan gestrichen werden.
Die von der SA provozierten Störungen anläßlich der
Leipziger Uraufführung am 18. Februar 1933 und die
„Kritik" des Dramas im „Völkischen Beobachter" waren
deutlich genug. Georg Kaiser wurde als „Kulturbolsche-
wist" aus der Preußischen Akademie der Künste ausge-
stoßen. Seine Werke landeten auf den Scheiterhaufen der
Bücherverbrennung. Aufführungs- und Druck-Verbot,
Bedrohung, ein bitteres Exil in der Schweiz und dort
ein recht undichterisches Ende wenige Wochen nach der
Kapitulation seiner Verfolger, am 4. Juni 1945 in As-
cona, aber auch die Vollendung seines Werkes in weiteren Dichtungen – das sind die letzten Kapitel seines
Lebens. Auf dem Friedhof von Morcote, unweit der
Gräber Eugène d'Alberts und Alexander Moissis, ruht
seine Asche im Berg über dem Luganer See.

Georg Kaiser hinterließ 74 Dramen, 3 Romane, über
170 Gedichte, mehrere Film-Exposés wie Erzählungen
und zahlreiche Skizzen. Eins zeichnet sie alle aus, selbst
die Fragmente, selbst die Stichwort-Sätze der Entwürfe,
sie sind Dichtung. Dieser Dialektiker des Stils, der Szene
und der Thematik, dieser moderne Schüler Platons, junge
Bruder Büchners und Kleists, er war zugleich Klassiker
und Überwinder des Expressionismus, Begründer des
Wesens-Realismus, ein Dämon der Unbedingtheit des
Menschlichen, der Freiheit und des Geistes, ein faszinie-
render Übersetzer der historischen Zeit ins bleibende
Wort und erkennende Spiel. Er bleibt erregend, weil er
die Logik zur Überraschung, den Gedanken zur Lei-

denschaft und die Wahrheit zur Figur verwandeln
konnte, ein Meister der scharfen und treffsicheren
Sprache. Geist und Leben, also Atem und Ort des
menschlichen Daseins, und die Verwandlung des Indi-
viduums zum eigentlichen Menschen sind Prinzip, Pro-
blem und Aufgabe seines dichterischen Wollens gewesen,
das er nicht nur gesellschaftskritisch und belehrend, ver-
letzend und verwandelnd, sondern auch beglückend, ja
selbst unterhaltend – denn er war kein Snob unter den
Unsterblichen – verwirklichte. Seinem Publikum ruft er
zu: „Ganze Freiheit ist jenem gelassen, der unten zu-
sieht – zuhört. Freiheit wozu? Zu seiner eigenen, schaf-
fend verwandelnden Kraft, die das Werk oben nicht
verstellt, sondern fließend macht aus allen Mündungen,
die hundert Zufälle versperren."

Das Drama *Von morgens bis mitternachts* ist ein
„Stück in zwei Teilen", ein Stationendrama zwischen
„der kleinen Stadt W. und der großen Stadt B.", will
heißen: zwischen Weimar und Berlin, eine balladeske
Revue, die vom Stil des mittelalterlichen Osterspiels
und des späteren Bänkelgesangs genausoviel profitiert,
wie sie das epische Theater Brechts vorbereitet. Die
einzelnen Figuren des Spiels fungieren als Typen, deren Psychologie abstrahiert ist. Natürlich geht es auch
hier wie in allen übrigen Dramen Georg Kaisers um die
Möglichkeit der „Erneuerung des Menschen", um den
Sprung in den Sinn des Lebens, diesmal versucht als
Testreihe des Geldes. In dem Interview *Wie ein Theater-
stück entsteht* teilt Georg Kaiser mit, die Idee zu diesem
Drama sei ihm auf einer Italienreise gekommen. Bereits
in Rom habe er mit der Niederschrift begonnen. Der
Ansatz ist die Frage nach der existentiellen Kaufkraft
des Geldes. Kann man mit Geld die Essenz des Lebens
einhandeln? Das Zeitalter des Kapitalismus wird in eine
Kugel zusammengeschmolzen und in die Kegelbahn eines
einzigen Tages geworfen. Für die geplante Testreihe
wird das Geld aus seiner alltäglichen Bahn genommen.
Um es einer außergewöhnlichen Bewährungsprobe zu
unterziehen, wird es von den fiebrigen Händen des bie-
deren Kassierers einer Kleinstadtbank unterschlagen.

Der prüfende Blick fällt also nicht von oben her, von den Thronsesseln des Kapitals, auf die Rollbahn des Goldes, sondern dringt von unten, aus dem Handlangerwinkel eines Finanzangestellten, zu den Bündeln der Geldscheine. Das Geld wird beim Wort genommen. Seine metaphysische Anmaßung soll entlarvt werden. Ist es ein Gott oder ein Teufel? Hat es absoluten oder nur relativen Wert? Kann es halten, was man sich von ihm verspricht, nämlich die Eroberung der Welt, das volle Leben, die Erfüllung der Existenz, die Antwort auf den totalen Lebensanspruch?

Auf dem Hintergrund dieses Fragenkomplexes wird ein Kassierer plötzlich vom bürokratischen Kondukteur des Geldtransfers zum bravourösen Tester der Geldsubstanz. Er wird kein Apologet oder Reformator der Finanzideologie, kein Soziologe oder Wirtschaftswissenschaftler im Bankwesen. Er führt vielmehr mit seiner aufgestörten Seele das Geld in Versuchung. Und das Geld läßt sich von ihm versuchen. Das Ergebnis ist eine heillose Nutation sowohl der Lebensachse des Menschen wie der Achse des Finanzkosmos. Es kommt zu einem Pyrrhussieg beider Kontrahenten. Der Kassierer stirbt für die Entlarvung des Geldes und das Geld kann seine brutale Nacktheit nach der erfolgten Demaskierung nicht mehr verdecken. Beides bildet die Conclusio der feindlichen Prämissen des Spiels. Der Kassierer erweist sich als Bruder des Fischers aus der Ballade Goethes, als einer, der tagtäglich von Berufs wegen an der Grenze des flutenden Elements arbeitet, als einer, der der elementaren Verführung mit jedem Handgriff, den er tut, ausgeliefert sein kann. Und es kommt ja tatsächlich der Tag, an dem das Unterbewußte explodiert, weil der Funke der Wirklichkeit in das Pulverfaß der Wahrheit gesprungen ist. Der Kassierer, bislang unbeteiligter Diener des Geldes, schwingt sich in den Sattel der Herrschaft über das Geld. Er wagt den Sprung in den Goldfluß, den er aber tragisch durchschwimmt.

Nicht fünftausend romantische Taler wie in der Oper Lortzings steckt der defraudierende Kassierer in seine Tasche, sondern „fünfzig Mille Papier – zehn Mille

Gold". Diese Quote soll die „Erneuerung des Menschen"
finanzieren. Dafür soll es auch ein Sprung in die Essenz
werden, aus den Gleisen des bislang eingefahrenen Daseins in die unendliche Strecke des Seins selbst. Der Kassierer, der zu solchem Lebenslauf aufgebrochen ist, rast
über folgende Stufen zum Gipfel, den es nicht gibt: die
Begegnung mit der Schönheit, mit dem Ästhetizismus,
mit der Kunst – sie ist negativ; die Begegnung mit dem
Tod, mit der Halluzination des letalen Gegners, des
eigenen tödlichen Ichs in der Schneewüste des Lebens –
sie wird vertagt; die Begegnung mit dem warmen Familiennest als Kontrast zur vorausgehenden Kälte – sie ist
bereits überholt; die Begegnung mit dem Sechstagerennen als einem Exempel der Massenhysterie – sie wider-
legt sich selbst; die Begegnung mit dem vom Sekt be-
rauschten Ball-Aphroditen – sie zeigt die sinnliche
Täuschung des Lebens; und zuletzt die Begegnung mit
der Heilsarmee als Praxis einer Ausbeutung des Gefühls
der Verlorenheit mittels einer Scheinsolidarität – sie erzeugt den weiblichen Judas des Verrats, endet mit der
Übervorteilung aller durch alle, mit der Auflösung des
Geldes durch Geldgier und zuletzt mit der Transpo-
nierung des Ichs ins Nichts. Sie allein ist gültig, ja end-
gültig, der generelle „Kurzschluß" des Seins, die totale
Preisgabe der Humanität auf Handelsbasis.

Das Fazit der Testreihe erweist alles als käuflich: die
Kunst, den Familientraum, die Matadore des Sports, die
Liebesgöttinnen, ja selbst die Frömmigkeit. Kein Einsatz,
keine Ausgabe amortisiert sich. Die Tagesreise des Kassierers in die Landschaften der angebotenen Wirklichkeit, sein Martyrium der Lebenswahrheit, war kein
Kreuzweg, dem eine Auferstehung folgt, sondern ein
Kreislauf der Einsamkeit und der unüberwindlichen Ge-
fangenschaft des Ichs. Bernhard Diebold hatte recht, als
er diesem Kassierer folgenden Paß ausstellte: „Ein Mi-
niatur-Faust, der sich zu Tode rennt." Niemand wird
durch seinen phantastischen Opfergang erlöst, niemand
bekehrt. Mit emphatischer Resignation entzieht sich der
restlos Gescheiterte seinem Irrtum. Er wird zu einem
gebrochenen Christus im Zeitalter des Kapitalismus.

Nach dem selbstmörderischen Pistolenschuß löst sich das „Ecce homo" in unartikulierte Bestandteile auf. „Man kauft immer weniger, als man bezahlt." Dieser Satz ist die Quintessenz des Dramas, ein Fazit, wie es sich in allen Stücken Georg Kaisers finden läßt, der Entelechiesatz, um den das ganze Schauspiel gebaut wurde.

Der Gesamtvorgang ist lawinenartig. Bereits die Eingangsszene im Kassenraum der Bank lockert vor den Augen des Kassierers durch vielerlei Anspielungen die Schneemassen der Lawine. Die Dame aus Florenz ist eine Reinkarnation der Frau Welt, die ihren goldbeschuhten Fuß über die Schwelle der modernen Provinz setzt und die Faszination, die Erregung auslöst, ein weiblicher Gabriel, der gar nicht weiß, welche Zeugungsbotschaft er von draußen bringt, welche Kettenreaktion er ihn einsetzt. Die unwillkürliche Berührung der Hände erzeugt den zündenden Funken des tödlichen Strohfeuers. Diese Erscheinung der Dame läßt sich mit Faustens Vision des Weibes in der Hexenküche vergleichen. „Die Jagd nach dem Erlebnis" setzt ein.

Die staubige Bürokälte des Bankhauses wird vom Jugendstil-Arrangement im „Hotelschreibzimmer" abgelöst, die reichlich eindeutige Zweideutigkeit unter den Lebemännern von der rührseligen Intimität zwischen Mutter und Sohn, die brutale Diplomatie des Finanzgesprächs von dem gegenseitigen Einverständnis einer schwärmerischen Kunstfachsimpelei. In sie bricht mit dem Defraudanten das Geld ein. Es kommt nicht hilfreich, sondern will überrumpeln. Das Ungemäße seines Aufbruchs hat den Kassierer maßlos gemacht. Gleich zu Beginn seines Spiels sticht er zu hoch. Er überschätzt, überfährt und überbietet zwar alles, überzeugt jedoch keinen. In der Raserei, die seiner Natur widerspricht, hat er die Dinge, die er erreichen will, schon beim Start überholt.

Das nächste Szenenbild ist expressionistisch, visionär, im Stil von Franz Marc, an dessen Bilder allein schon die „blauschattende Sonne" erinnert. Ein expressionistischer Kobold als menschliches „Wunderwerk" stampft durch die eisige Weltwüste, Spuren tretend und alsbald

wieder auslöschend, „Weltuntergang" auf den Lippen,
fiebernd, kalkulierend, ekstatisch denkend, mit einem
Staccato des Handelns und der sprachlichen Ausdrücke
begabt, der neue Mensch „auf dem Marsche – Umkehr
findet nicht statt". Mit seiner von Geldscheinen ge-
schwellten Brust ist er auf der Jagd nach der „Ware, die
man mit vollem Einsatz kauft". Doch er wird zuletzt
feststellen müssen, daß es nicht gelingt, „Wert und Gegenwert in Einklang [zu] bringen". Der Tod begegnet
dem Lebenswilderer als „Polizei des Daseins", als Hüter
der Lebensordnung. Der Kassierer, der aus dem Leben
ins Leben aufgebrochen ist, steht mit dem Tode „auf du
und du". Mehr noch! Das Nichts, der knochenkarge Bote
des Chaos, hängt als einzige Frucht in der Winterweide.
In seinem Angesicht spricht der Ekstatiker jenen Satz,
der wohl der Grund gewesen sein muß, weshalb Rilke
dreimal im Parkett der Uraufführungsinszenierung saß:
„Ich glaube sogar, du [der Tod] steckst in mir drin."
Diese gläubige Einverleibung des unhintergehbaren To-
des ins Ich bedeutet für den rasenden Wanderer eine
Tatsache, die „Vertrauen einflößt und im Wirbel kommender großartiger Ereignisse den nötigen Rückhalt
schafft". Damit schließt der „Erste Teil" des filmischen
Mysterienspiels vom ekstatischen Menschen.

Die vierte Szene, erste des „Zweiten Teils", präsen-
tiert eine Mischung von Sudermannschem und Haupt-
mannschem Naturalismus: Stuben-Milieu, „Fenster mit
abgeblühten Geranien. ... Mutter sitzt am Fenster.
Erste Tochter stickt am Tisch. Zweite Tochter übt Tannhäuserouvertüre". Er aber, der seit „morgens" unterwegs ist, weil er „zu gültigen Resultaten vorstoßen will",
muß mit bitterer Ironie, ja mit Sarkasmus konstatieren,
daß seine Rückkehr zu den lebendig Begrabenen, zur
Futterkrippe mit den kleinbürgerlichen „Koteletts", ein
sinnloser Testversuch war. Er flieht in die nächste Po-
sition.

Es folgt die fünfte Szene: „Sportpalast. Sechstagerennen. Bogenlampenlicht", echter Georg-Kaiser-Stil. Die
im „Dunstraum rohgezimmerte freischwebende Holzbrücke" über dem Renn-Oval ist Symbol der menschli-

chen Existenz, mitten im Trubel und Wirbel der Tro-
phäenjagd, der aufgeputzten Gesellschaft aus Publikum, Kampfrichtern und Rennfahrern, der „Gestalten,
in Smoking, stumpfen Seidenhut im Nacken, am Riemen
das Binokel". „Alle sind ununterscheidbar." Das also
ist das Bild der Generation am Beginn dieses Jahrhunderts, variables Prägemuster für alle weiteren, die bis
jetzt folgten. Birgt dieses Bild Entdeckungen? Ist hier
die Wirklichkeit zu treffen? Die „Veranstaltung" selbst,
das Rennen, ist für den lebenssüchtigen Kassierer, der
inkognito bleiben will, „nur Gegenstand der Ironie".
Doch nennt er „die Wirkung fabelhaft". Dafür peitscht
er mit einer Preisstiftung von tausend Mark die Renn-
fahrer an. Nicht die Gladiatoren aber interessieren ihn,
sondern die von der Spannung infizierte, im Nerven-
kitzel vibrierende Masse der Zuschauer. „Fanatisiertes
Geschrei. Brüllende Nacktheit. Die Galerie der Leidenschaft!" „Das ist die letzte Ballung des Tatsächlichen."
Der enthemmte Mensch ist es. „Das lohnt." „Das sind
Erfüllungen. ... Wogender Menschheitsstrom. Entkettet – frei. ... Freie Menschheit. ... Keine Ringe – keine
Schichten – keine Klassen. ... Das wird der Erlös für
meine Keckheit." Doch das plötzliche Erscheinen „Seiner
Hoheit", der politischen Majestät, auf der Tribüne des
Rennens läßt die befreiende Ekstase der Massen verlö-
schen. Devote Stille tritt ein. Das Geld hat sich nicht be-
währt. Die Tradition triumphiert über die Masse.

Die sechste Szene führt den Kassierer in ein Ballhaus-
Séparée, aus der Arena der verschwenderischen Öffent-
lichkeit in das Kabinett der öffentlichen Intimitäten, aus
dem Areal der Massenpsychose in die Muschel der Lie-
beständelei. Es ist eine Szene nach der Manier Schnitzlers.
Auch hier fordert der Miniatur-Nietzsche mit forschen,
aber ungelenken Wendungen Höchstleistung. Noch einmal
deklamiert er didaktisch: „Spitzen sind letzte Ballungen
in allen Dingen. ... Das Delikateste vom Delikaten."
Doch wieder wird es lediglich eine Harlekinade und
nicht die erwartete „Explosion", obwohl sich der bereits leidende Regisseur „mit den gesicherten Zuständen
überworfen" hat. Das Ende der Begegnungen im Liebes-

nest ist schockierend. Das vermeintliche Tanzbein der
Maske erweist sich in Wirklichkeit als Prothese.

Zuletzt: „Lokal der Heilsarmee", vorweggenommene
Brecht-Szenerie. Die Bußbank gleicht mit ihren beken-
nenden Gestalten einem Spiegelkabinett, das die bisheri-
gen Wirklichkeiten des Kassierers in ihrer verlorenen
Form wiedergibt, zwar allemal deformiert, doch immer
richtig, niemals aber wahr. So ist es wohl immer seine
„Sache", aber nie seine Wahrheit. Solidarität der sich
entblößenden Seelen wird feilgeboten, Fangnetz für
seinen Lebensrest. Eine schleichende Diktatur der Seelen
beginnt. Sie leuchtet fünf Minuten vor zwölf mit pein-
lichem Licht in den sich schon verdunkelnden Tagesgang
des Kassierers zurück, bis hin zum neuralgischen Punkt
seines Aufbruchs. Nachdem sich trotz höchstem Einsatz
keine Station gelohnt hat, der Rest des Geldes in seiner
von Schweiß durchtränkten Fracktasche schal geworden
und sein Bewußtsein überfordert, übernächtigt ist, hofft
er, durch „Bekenntnis und Buße" seine Erfüllung zu
finden. Als er vor dem Confiteor das Geld, den Rest der
Unterschlagung, auf den Boden streut, wird das fromme
Lokal der Bekenner und Büßer nicht, wie erwartet, zum
„brennenden Ofen" der Verachtung des Geldes, sondern
zum Hexenkessel der Raffsucht, Gier und Mißgunst. Das
war die vorletzte Enttäuschung. Konfrontiert mit der
letzten Erkenntnis, mit dem Versagen der Liebe, als ihn
die Geliebte an die Polizei verrät, vollstreckt er selbst
die Kreuzigung seines Ichs, zerbricht mit letztem Kraft-
aufwand den unbarmherzigen Kreislauf des rasenden
Lebens. Mit dem Schuß hinter die „Hemdbrust" ins
eigene Herz sorgt er auf exemplarische Weise für einen
„Kurzschluß in der Leitung" der Menschheit. Doch
Kurzschlüsse sind reparierbar.

Das handschriftliche Original des Dramas *Von morgens bis mitternachts* ist verschollen. Der Text dieser
Ausgabe wurde nach einer im Georg-Kaiser-Archiv Berlin aufbewahrten Abschrift (A) hergestellt, die Korrektu-
ren von der Hand Georg Kaisers enthält und als Fassung
letzter Hand erkennbar ist. Dabei wurde auf eine Nor-
malisierung der Orthographie nach Duden zugunsten

der Kaiserschen Schreibart verzichtet. Die Abweichungen des hier im Druck gereichten Textes von A seien kurz genannt. Die Personen sind in A nicht gesperrt geschrieben. Der aus Gründen einer Verdeutlichung nach den Personen gesetzte Punkt kommt in A nicht vor. Um diese Eigenheit des Druckes zu respektieren, wurde bei Regieangaben, die sich unmittelbar an eine Person knüpfen, der in A vor der beschließenden Klammer stehende Punkt hinter die Klammer verwiesen.

Berlin, 1. Dezember 1964 *Walther Huder*

Literatur des Expressionismus

in Reclams Universal-Bibliothek

Ernst Barlach: *Der arme Vetter.* Drama. Nachwort von Walter Muschg. 8218

Gottfried Benn: *Gehirne.* Novellen. Textkritisch herausgegeben von Jürgen Fackert. 9750

Theodor Däubler: *Gedichte.* Auswahl und Nachwort von Werner Helwig. 8933

Kasimir Edschmid: *Die sechs Mündungen.* Novellen. Nachwort von Kurt Pinthus. 8774 [2]

Einakter und kleine Dramen des Expressionismus. Herausgegeben von Horst Denkler. 8562 [3]

Gedichte des Expressionismus. Herausgegeben von Dietrich Bode. 8726 [3] (auch geb.)

Reinhard Goering: *Seeschlacht.* Tragödie. Nachwort von Otto F. Best. 9357

Yvan Goll: *Ausgewählte Gedichte.* Herausgegeben und eingeleitet von Georges Schlocker. 8671

Georg Heym: *Dichtungen* (Gedichte. Der fünfte Oktober. Eine Fratze. Der Wahnsinn des Herostrat. Aus den Tagebüchern und Traumaufzeichnungen). Auswahl und Nachwort von Walter Schmähling. 8903

Georg Kaiser: *Von morgens bis mitternachts.* Stück in zwei Teilen. Fassung letzter Hand. Mit einem Nachwort herausgegeben von Walther Huder. 8937 – dazu *Erläuterungen und Dokumente.* 8131 [2]

Alfred Mombert: *Gedichte.* Auswahl und Nachwort von Elisabeth Höpker-Herberg. 8760

Prosa des Expressionismus. Herausgegeben von Fritz Martini. 8379 [4]

Ernst Stadler: *Der Aufbruch und ausgewählte Gedichte.* Auswahl und Nachwort von Heinz Rölleke. 8528

Carl Sternheim: *1913.* Schauspiel. Nachwort von Heinrich Vormweg. 8759

Philipp Reclam jun. Stuttgart

Die deutsche Literatur der Gegenwart

Aspekte und Tendenzen
Herausgegeben von Manfred Durzak

464 Seiten. Format 21,5 × 14,5 cm. Paperback

Manfred Durzak, *Einleitung* – Heinrich Vormweg, *Deutsche Literatur 1945–60: Keine Stunde Null* – Herbert Lehnert, *Die Gruppe 47. Ihre Anfänge und ihre Gründungsmitglieder* – Hans Mayer, *Zur aktuellen literarischen Situation* – Marianne Kesting, *Das deutsche Drama seit Ende des Zweiten Weltkriegs* – Rolf-Peter Carl, *Dokumentarisches Theater* – Burghard Dedner, *Das Hörspiel der fünfziger Jahre und die Entwicklung des Sprechspiels seit 1965* – Hans Dieter Schäfer, *Zur Spätphase des hermetischen Gedichts* – Alexander von Bormann, *Politische Lyrik in den sechziger Jahren: Vom Protest zur Agitation* – Walter Seifert, *Die pikareske Tradition im deutschen Roman der Gegenwart* – Manfred Durzak, *Zitat und Montage im deutschen Roman der Gegenwart* – Bodo Heimann, *Experimentelle Prosa* – Reinhard Döhl, *Konkrete Literatur* – Jost Hermand, *Pop oder die These vom Ende der Kunst* – Walter Hinderer, *Zur Situation der westdeutschen Literaturkritik* – Peter Demetz, *Zur Situation der Germanistik: Tradition und aktuelle Probleme* – Fritz J. Raddatz, *Zur Entwicklung der Literatur in der DDR* – Jörg B. Bilke, *Die Germanistik in der DDR: Literaturwissenschaft in gesellschaftlichem Auftrag* – Walter Weiß, *Die Literatur der Gegenwart in Österreich* – Otto Oberholzer, *Die Literatur der Gegenwart in der Schweiz* – François Bondy, *Die Rezeption der deutschen Literatur nach 1945 in Frankreich* – Frank E. F. Jolles, *Die Rezeption der deutschen Literatur nach 1945 in England* – Manfred Durzak, *Die Rezeption der deutschen Literatur nach 1945 in den USA* – Claudio Magris, *Die Rezeption der deutschen Literatur nach 1945 in Italien* – Gustav Korlén, *Die Rezeption der deutschen Literatur nach 1945 in Skandinavien*

Philipp Reclam jun. Stuttgart